U0725297

向传统管理说不

海尔模式引领的下一场管理革命

韩适南·著

中国纺织出版社有限公司

国家一级出版社
全国百佳图书出版单位

内 容 提 要

作者以在海尔集团 365 个日夜的工作实践为基础，以在主流媒体十多年的文字积淀为工具，以在国内知名商学院所学理论为参照，以独特的视角和体验，审视企业中最为关键的企业家精神、企业文化、企业管理模式，为你讲述张瑞敏、人单合一管理模式及海尔文化对当下所有企业的启示。

这里既有宏大的叙事，又有细小的故事；既有经典案例，又有亲身体会；不刻意吹捧，亦不故意抹黑。感情充沛地讲述一位熟悉的陌生人，轻松易懂地解构一种新型管理模式，真诚地描绘一种震撼人心的独特气质。人物可读、模式可学、文化可用，未来可期！

图书在版编目（CIP）数据

向传统管理说不：海尔模式引领的下一场管理革命 / 韩适南著 . -- 北京：中国纺织出版社有限公司，2019. 10

ISBN 978-7-5180-6314-7

Ⅰ . ①向… Ⅱ . ①韩… Ⅲ . ①海尔集团公司 – 企业管理 – 研究 Ⅳ . ① F426. 6

中国版本图书馆 CIP 数据核字（2019）第 120895 号

策划编辑：向连英 特约编辑：金 彤 责任印制：储志伟

中国纺织出版社有限公司发行

地址：北京市朝阳区百子湾东里 A407 号楼 邮政编码：100124

销售电话：010 — 67004422 传真：010 — 87155801

http: //www.c-textilep. com

E-mail: faxing@c-textilep. com

中国纺织出版社天猫旗舰店

官方微博 http://weibo.com/2119887771

天津千鹤文化传播有限公司印刷 各地新华书店经销

2019 年 10 月第 1 版第 1 次印刷

开本：710×1000 1/16 印张：13.5

字数：119 千字 定价：49.80 元

推荐序

从外往里看，从里往外看

　　大多数的人都知道"海尔"这个品牌，但对海尔的人单合一理论，可能连许多管理学教授都不了解，因为多数教科书和管理书里，都还是在介绍欧、美、日的工业制造业管理理论。

　　2018年9月，世界经济论坛评出全球九家引领创新的"灯塔工厂"，海尔是唯一一家入选的中国企业。为什么海尔能够胜出呢？世界经济论坛给出了答案："以用户为中心的大规模定制模式"。整体而言，"灯塔工厂"的业绩比普通工厂高出20%~50%。海尔的互联工厂的整体产品不入库率达到71%，中央空调互联工厂不入库率达100%。

　　有别于美国工业因特网和德国工业4.0，这种以企业为中心的发展模式，海尔COSMOPlat已成为世界级工业因特网平台生态系统，这种模式改写了传统制造业及供应链管理模式，开始了企业触动社会创新的经营模式。更直接地说：人单合一已经颠覆了传统制造业的经营典范与管理理论。

曾经世界知名的大企业，如 Sony、Nokia、Motorola、Kodak、Sears……却在这一波中陆续被淘汰或遭遇经营困境，很难转型。这似乎说明：过去成功的经验已经不再是资产了，在巨变的产业环境下，反而成为了负债，使得企业转型困难。如何面对"乌卡"(VUCA) 世界的变动，踏准时代的节奏，持续创新，以探索调适时代变迁的方法，并推动企业的可持续发展、社会的进步和民众福祉的提升，是一个卓越企业家的重大职责与使命，海尔张瑞敏首席即是互联网和物联网时代的一个典范。

我个人非常佩服张瑞敏首席，他不仅是卓越的企业家，更是管理哲学家、思想家和管理科学家，他把海尔作为一个自然的企业实验场，通过持续创新，把他钻研企业经营管理的思路与作为，在海尔日常的管理工作中实践，所以称他为管理科学的研究者和先行实践者，实不为过，他比多数管理学者更像是管理科学的研究者和实践者。

他从 1984 年带领海尔，从"砸冰箱"到今天"砸组织"等一系列的行为，把企业当作实验场，运用管理理论、结合网络科技创新发展趋势，在企业经营高峰时，即大力推动海尔集团的转型，并强调以"自以为非"的信念，加上持续创新改进的人单合一模式，来破除传统企业里的"大企业病"或"组织黑洞"，摒除成功的失败因素——自满、自以为是、老人文化、各部门的官僚及本位主义等。他的前瞻思维与对组织人性的深刻理解，以及推动转型的魄力，也获得哈佛大学、斯坦福大学、瑞士 IMD 商学院等许多知名管理教授的肯定，成为经典的哈佛案例。

张瑞敏早在 2005 年就提出要实施以人单合一双赢模式为核心的组织变革，至今已近 15 年了；从 2012 年开始推动互联网转型，2013 年改革方向是"企业无边界、管理无领导、供应链无尺度"（简称三无），很快又改为"企业平台化、员工创客化、用户个性化"（简称三化）；2015 年初提出"人人创客"时代，透过"三化"的具体实践，来实现"人人创客"的战略目标，让企业与用户"零距离"。

海尔的转型有三个主要的战略动作：反转、联接、激活。反转主要是彻底翻转调整企业的组织结构，不仅是传统科层组织的"正三角"结构，反转为"倒三角"，进而变为"平台型"组织结构；反转后组织的主角也随之转变，不再是管理者，也不是一般员工，而是具有经营能力、创业精神的小微主；将原本属于管理者的决策权、用人权和分配权还给小微。

人单合一除了防止大企业病外，更强调"人人都是自己的 CEO"，驱动每个个体朝"自创业、自组织、自驱动"的方向发展。可以看见人单合一是颠覆了传统科层组织与经营管理模式，员工进化为创客，企业进化为平台与生态圈……这也是张瑞敏典型的创新改革者的性格及企业家精神：干掉企业、干掉组织、干掉员工。

人单合一源自学习欧、美、日管理模式及理论，经过张瑞敏个人的自我消化、海尔组织实践及持续修正，在中国文化里，融合创新、淬炼出来的地道中国企业经营理论，是中国人的骄傲与光彩。张瑞敏这种对传统组织的大胆颠覆，连 IBM 前总裁郭士纳（L. Gerstner）都自叹不如。

张瑞敏是非常热爱阅读，且广泛理解和接纳西方管理思想及理念的企业家。每周读两本书，历次讲话都旁征博引，如在演讲中常提到韦伯、熊彼特、科斯、哈耶克、德鲁克、克里斯汀森等名家，并关注近年来互联网相关的新理论、新观点。这些形塑了张瑞敏推动、指导海尔变革的策略。也就是说，海尔每一项变革做法都可追溯到一些管理理论。这与许多企业家追逐时尚流行管理概念是不可同日而语的，因此，他也坚信：只要方向对了，就不怕路远！对于海尔的转型变革深具信心，这种做功课的学习态度与精神，值得敬佩与学习。

感谢适南兄邀请我为该书写推荐序，虽然我之前对海尔也有大量研究，但从这本书里，可以看到更为平实的海尔。特别是，他能融合多年媒体工作的视角与经验，从外往里看；加上跟随在张瑞敏身边，在海尔亲身经历的工作经验，以自身的观察分析从里往外看。这是一般书所不具备的。

　　相信读者从这本书里，能看到许多新思维并受到一些启发：看见张瑞敏的成功特质与作为，学习海尔的实践奋斗精神，让自己也能抛开传统社会及文化中不良的成分，重新思考、独立省思。为自己和组织找到许多新思路，或是新的活路！

　　　　　　　　　　台湾大学商学研究所教授　陈家声

　　　　　　　　　　2019 年 7 月 9 日　于台北

自 序
无法回避

    2018 年 12 月 18 日，庆祝改革开放 40 周年大会举行，100 人荣获改革先锋荣誉称号，海尔集团董事局主席、首席执行官张瑞敏以"注重企业管理创新的优秀企业家"获此荣誉。这是一份可以超越此前所有荣誉的荣誉，也是一个足以傲视所有头衔的头衔。

    我想借着这次表彰，说说张瑞敏，说说张瑞敏的企业管理创新。因为无论从哪个角度看，张瑞敏、张瑞敏的管理和张瑞敏的海尔，都是中国企业史上无法回避的话题。然而就当下而言，舆论更关注的是"独角兽"们的融资与上市，新锐 CEO 的腔调；社会更热衷的是区块链与人工智能，大数据与云计算的方向；公众更喜欢的是大企业家之间的斗嘴发狠，"雷人雷语"与粗俗互怼；中小企业家们则迷恋各种号称立竿见影的培训，朋友圈里无数鸡汤式的管理文章。

虽然在名利场中，张瑞敏和他的海尔不再如当年那般广受追捧，但张瑞敏创立的"人单合一"模式，却将引发新一波的管理革命，为张瑞敏本人和这种模式本身，再次吸引无数闪光灯。"人单合一"模式，即将创造一个崭新的管理世界，引发一场关于管理的革命。这场革命足以改变许多传统或新兴的企业；并且这场革命，将兼具中国文化的基因与中国自信的底气。许多年后，企业史开头的一笔应该这样写道：中国企业的自我认知和自我觉醒，是从张瑞敏开始的。

写了删，删了写，写这本书的时候，我是经过反复斟酌的。

这样的写作，一定是带有感情色彩的写作。虽然是在写一家企业、一位企业家和一种新型管理模式，但它不应该是散文化的，也不应该是学术化的，更不应该是故作姿态的宏大叙事，也不应该是装腔作势的深沉。

这样的写作，一定是抛弃了个人荣辱，不涉利益往来的写作。受了辱也不故意往坏里写，受了宠也不刻意往好里写，更不应该编造一些博人眼球的黑幕，也不故意夸大出一些荣誉和故事来。

这样的写作，一定是有所得的写作。对写作者本人来讲，是一种观察与体验的总结；对读者来讲，是一种有益学习的补充。套用毛泽东《反对党八股》的纲要来讲，就是不空话连篇、不装腔作势、不无的放矢、不语言无味，不能不负责任，祸人害己。如果是收了企业的钱写书，那这书就是写给企业的，再说得具体一点，就是写给企业的某几个领导或某一个领导看的，那自然是要有一些辉煌业绩、家国情怀才好；如果这书一上来就是奔着市场的目标去，是写给市场上的人的，是想从市场上挣几个钱的，那自然是要有一些所谓的内幕，博人眼球的故事，一定要与众不同才行；如果书是写给读者的，那自然是希望与读者有所交流和探讨，得出一些有益的结论，作者与读者双方都有收获才对。

出发点不同，自然体例不同，事实选择不同，语言风格不同。故与万千读者之真诚交流，就需有真招与灼见。在读者面前，没有谁是谁的"总"，也没有谁是谁的领导。

2016年，我来到海尔集团工作。在海尔工作的日子里，在张瑞敏身边的日子里，我把日夜所见，昼夜所思，记下来，写下来，以期用一个商学院毕业的学生，一个曾经的媒体人，一个曾经的创业者，一个原海尔人的身份，讲一讲张瑞敏这个人，讲一讲海尔集团这家公司的文化，讲一讲"人单合一"这种模式。

之所以动写这本书的念头，和我的经历有关。因为我很少见到张瑞敏这样的企业家，也很少见到"人单合一"这样的管理模式。张瑞敏与我从课本里学习到的企业家、从前采访结识的企业家、从媒体报道和别人口中得知的企业家都不太一样；人单合一管理模式，与我所学习的那些教科书里的管理理论，与我所见的一般企业的管理模式都不太一样；海尔这个企业，与我调研接触和朋友所在的那些企业的风格与公司的精气神，也都不太一样。这些感觉出来的"不一样"，与我的经历息息相关。若是没有之前的经历，我也没有这样的感觉。

当我大学毕业时，我并没有从事所学的管理营销类的工作，而是进了媒体。在媒体时，虽说发展颇为顺利，自由之风与文化之风之浓烈亦得我心，但我总有探索新世界的冲动，于是结束了多年的媒体生涯，辞职创业。创业如昙花一现，轰轰烈烈而来，悄无声息收场。虽然如此，但种种经历和阅历、种种艰难困苦、种种人性碰撞，让我开始留意企业管理，留意那些真正称得上企业家群体那真刀真枪的做法。

结束创业后，我进入海尔集团工作。通过当老板，我学会了怎么当员工。从一开始，我就以疯狂工作、疯狂执行的方式，力求尽快融入。我加快融入海尔，加速了解张瑞敏，努力研究人单合一。

在工作中，在与诸如挪威国家石油副总裁、《实施超越预算》的作者比亚特·伯格斯尼思（Bjarte Bogsnes），前白宫政策顾问、斯坦福大学商学院讲师、《创新者的密码》作者艾米·威尔金森（Amy Wilkinson），沃顿商学院教授、《不可消失的门店》作者大卫·贝尔（David R. Bell）等几十位国内外学者与企业家的交流中，我更加深刻地了解了人单合一这一模式在国际学术界和企业界应有的地位。

在海尔的切身经历，让我对这"一人一企一模式"产生了更加浓厚的兴趣。因为我不仅在学习，我还身在其中，我用实践去理解、去执行、去思考，去辨析江湖上的说法哪些是对的，哪些是错的，哪些是没被看到的，哪些是被高估的，哪些是其自身洋洋得意但却并非如此的，哪些是其自身从不在意但却至关重要的。

因为工作的关系，我多次陪同张瑞敏接待来访的专家学者与媒体界人士，多次参与他接待政府领导和各类企业家的活动。无论是他出席一些外请活动时，还是在青岛市海尔路1号的信息产业园内、那座造型独特的董事局大楼上接待嘉宾的时候，抑或是在每周一、周三、周六，海尔集团召开领域主、小微主和行业主的会议上，我都加以留心。意欲从他的种种言行中，发掘一些管理者应有的品质，发现一些管理者应该戒除的东西。

在中国的企业家中，有那么几位在介绍时是不用加头衔的，张瑞敏就是其中之一。相反，如果给他加上诸如海尔集团董事局主席、首席执行官这样的字眼，反倒显得有些局限。在中国的企业家中，花边新闻最少，鲜有绯闻和"雷"人言论的企业家，张瑞敏恐怕又要占据榜首。他不打高尔夫，不睡午觉，爱好单调到只剩下阅读与管理这两件事。

他没有绯闻，他的家庭很少出现在社会公众面前，同时他那一身正气又让人感觉"寡淡"。他特别低调又特别高调，低调到几乎推脱所有可能的活动。欧洲空客公司找他去演讲，他会因双方并没有多少了解而推辞；伦敦商学院请他去讲学，他也并不因对方在学界的名望而应允。他的身影不再出现在中国企业领袖年会上，他对各类活动与出镜渐失兴趣。但他又会在万人丛中，高调引用 LSE（伦敦政治经济学院）创新研究实验室克里斯蒂安·布什（Christian Busch）的话，把人单合一模式定义为下一个社会模式。他强调"自以为非"的文化，他亲自接待客人时，并不因对方的职务和名望而差别对待，他经常说的一句话是"人要知道自己姓什么"；但他却又显得那么"自以为是"，在海尔，他的称谓是"张首席"，恐怕在中国这么多企业领袖中，他是少有的不用"总""董"或者"长"来称呼自己的人。他注意学习和倾听每个人的说法，但他又多次强调，在重大关头，他几乎没有做过失误的判断……

在日常的工作中，我比一般岗位有更多的机会来接触海尔集团的高管、中层乃至一般员工。就海尔集团来讲，在大多数人眼中，它几乎等同于冰箱和洗衣机。从一个街道小厂到一家跨国公司，从冰箱制造到各品类生产，在中国的企业中，不得不说海尔是一家值得研究的企业。一家企业是否成功，并不好进行定义；但一家企业是否值得研究，却大体并无悬念，一定是有开创性、普适性、影响广大和久远的东西在里面。这种东西，说不清道不明，如同一种气质，显现在许多人的身上。

在我所见的海尔人中，都有一种"四无气质"：无书生气、无烟火气、无江湖气、无娇媚气。在我所见的许多海尔人身上，除了容貌与性格的差异，身上都透着一种海尔独有的气质，这种气质颇为自然，姑且称之为自然气——不悲不喜、不慌不忙、兢兢业业、努力工作。在我体会到的海尔文化中，亦有一种"三无文化"：无领导说、无资历说、无名头说。海尔车队三十多年的老司机都会告诉你，在海尔，没有人敢说自己是老同志，又有哪位高层管理人员、中层管理人员敢把自己当作有权力的领导？又有谁，是因为顶着特别大的名头来到海尔而能够靠名头基业长青的？我目之所及，几乎没有。

但海尔又被称为"青岛第二监狱"。青岛的出租车司机，几乎都可以对此进行调侃；有离职的海尔人专门建群，用于声讨高强度的工作节奏和"粗暴凌厉"的领导作风；在知乎上，几乎是一边倒地批评海尔的"非人性化"管理。

因为工作中对于人单合一模式的宣传，就使我不得不拼命去理解它；又因为工作中人单合一的实践，又使我不得不被它改造。人单合一模式，创造于张瑞敏，实践并完善于海尔集团。这种模式是张瑞敏为解决海尔的大企业病而特制的秘药，但他却拿了出来，欲与所有的企业家和管理学家进行探讨。人单合一为解决大企业病而生，以实现"人人都是自己的CEO"为目标，驱动每个个体走到"自创业、自组织、自驱动"的路上来。人单合一是科层制的掘墓人，是矩阵管理的颠覆者，是"企业"这个名词进入历史的见证者，是"员工"这个概念消亡的推动者。人单合一之后，企业进化为平台与生态圈，员工进化为创客，管理者进化为接口人；人单合一源自学习美、日管理模式的积淀，但却另起炉灶，燃起管理上的熊熊大火；人单合一来自于传统管理，却干掉了传统管理。干掉"企业"，干掉"组织"，干掉"员工"，这是多么激动人心的画面!

我经历过听人干、自己干、给人干三个阶段。在媒体的时候，听过企业家们怎么干企业；在创业的时候，试过自己怎么干企业；在公司的时候，有过怎么给人干的切身经历。一路走来才最终明白，其实无所谓自己干还是给人干，每个人追求的都是自我实现，是自己成为自己的CEO。人单合一，可以让你在一个平台上实现自身的价值，让你有机会真正参与一家企业的管理；而非在传统管理模式下，做一颗闪闪发光或锈迹斑斑的螺丝钉。所以说人单合一模式，在我目之所及和亲身体会里，确实堪称可以影响世界，至少是企业界的模式。

但人单合一模式的组成语言，却又是那么令人费解，以至于并不被人看好，特别是国内学界，鲜有人肯定这种模式；人单合一模式的应用，在海尔也颇受阻挠，一些人并不认可，因而阳奉阴违，更有人"打着旗帜反旗帜"，这又不得不让人对这种模式产生怀疑。许多传统管理模式下的同类企业，其业绩也不差，而运用人单合一的管理，又未能让业绩爆发。这让那些秉持管理就是解决当下问题的学者，对这一模式产生了强烈的质疑。

我之所以将此书分为张瑞敏、海尔、人单合一模式这三大块，是因为他们分别代表着所有企业都要关注的三个方面：企业家、企业文化、企业管理模式。同时，我始终认为，张瑞敏、海尔、人单合一，虽然有着非常紧密、无法割裂的关系，但终究是三个不同的主体——并不相互依存，亦不共生共灭。这恰如父母与子女的关系一般，子女因父母而生，但却独立于世。

2017年4月，海尔集团总裁周云杰在与西安交通大学管理学院院长黄伟交流时说，张瑞敏创造了一家世界级的公司，一个全球性的品牌，一种普适性的模式。这个评价与总结颇有高度。从我自身经历的角度来说，我看到的是一幅积极向上、有趣且充满正能量的场景：一个高中毕业的本地工人，领着一帮大学生和一帮产业工人，闹出了一场轰轰烈烈的企业革命，这是多么有趣的一幕场景，又产生了多么惊人的结果。既然"一人一企一模式"，都是源自张瑞敏这个人，那我们这本书，就从张瑞敏开始，就从这位高中毕业、工人出身、生于青岛的莱州人开始。

韩适南

2019年3月 于济南

目 录 ‖

第一章

这个工人不一般

"我原本是想当个记者的。"

二〇一七年，"五四"青年节。

青岛，南海路6号，小雨淅淅，海雾迷迷。

68岁的张瑞敏抬眼往西边的窗外望去，那里，有他幼年时青岛的些许模样。

"青岛是中国第一个搞雨污分流的城市，第二个才是上海。"张瑞敏指着窗外的大海，向一位老友讲述他过往的世界。张瑞敏算得上博闻强识，对青岛的风土人情，历史烟云，他如数家珍。他从德占时期讲到日占时代，从民国年间讲到共和国旗下，从渔村说到胶澳，从青岛特别市说到计划单列市青岛。他对民国年间原青岛市市长沈鸿烈所搞的经济适用房——"八大院"赞誉有加；对共和国旗下原青岛市委书记俞正声主持的"名牌战略"表示感激。

张瑞敏，出生在青岛，生长在青岛，发迹在青岛。但他的祖籍在今天山东省烟台市莱州市。对他父亲出生的这片土地，张瑞敏抱有极大的热情。

不过在张瑞敏口中，他更喜欢把莱州叫做掖县。

我们的故事，就从掖县开始。

1.01 "掖县鬼子"刘子山

掖县,古为莱夷地。在历史上,这个地方的名字一直在"莱"和"掖"之间摇摆,只是后来时而为县,时而为郡,时而为州,时而为市。张瑞敏的父亲从此地离开时,此地仍被称为掖县,1988 年之后,"掖县"的称呼被"莱州市"取代。

掖县人以计谋多、能闯荡而闻名,因此掖县人得了一个"掖县鬼子"的称号。在今烟台市所属之蓬莱、黄县、莱州一带,长期流传着"蓬莱腿子,黄县嘴子,掖县鬼子"的说法。这三个说法,实有所指——他们闯荡做生意的习惯,脑子灵活口才好,计谋之多让人不得不佩服,这三者之间,似一种程度递进的关系。

最为人熟知的掖县人,当数近代史上那位故事颇多、笑话一箩筐的奉系军阀张宗昌。除了张宗昌,近代以来,掖县出产最多的应是商人无疑。这其中,有三位最为知名:

绰号"刘半城",创办东莱银行,曾为青岛首富的掖县湾头村人刘子山。

清末民初,青岛总商会会长、在公益领域享有声誉的掖县珍珠村人宋雨亭。

创办太阳烟草公司,抗美援朝期间捐献飞机的原青岛市政协副主席,掖县前朱石村人陈孟元。

巧的是,这三位都是在青岛发迹。

刘子山是近代掖县人的代表。他代表着奋斗、梦想与财富。他的绰号叫"刘半城"，意即他的财产可抵半个青岛市，这个绰号通俗到人人可解。

刘子山原名刘云碧，1877年出生，1948年去世。关于"子山"这个名字的来历，有一个小小的故事。上私塾时，刘子山写了一篇文章，私塾先生从中读出了志向与未来，惊喜之下，先生断言，这孩子将来必定大有成就，掖县第一，但要把名字改成"子山"才成。

刘子山家中很穷，上了几年私塾后就在家务农。14岁时，他只身来到青岛，在一个德国人的家里当佣人。刘子山有着改变自己命运的强烈愿望，他是个爱学习的人，上德文补习班，当德文翻译，之后当上了胶澳铁路的翻译。刘子山当翻译时服务过的人物里，名头最大的当属清末名臣张之洞。翻译经历，让刘子山见了世面。

从张之洞处回到青岛后，刘子山开始做美国红木代理等生意，这些生意让他发了财。1918年，刘子山创办了东莱银行，任董事长兼总经理。到1920年左右，仅刘子山一个公司的利润，就足以抵当时青岛市6年的财政收入。刘子山主要活动在青岛、济南和天津一带，他原本想突破商业重镇之一的上海，然而并未如愿，最后以青岛首富的身份在上海去世。

刘子山的发家史与奋斗史，也代表着许多掖县人奋斗的路径：走出去，走进去，走上去。

"三走"是张瑞敏的发明。他在总结海尔全球化的进程时这样说："'走出去'就好比是到国外留学，人家认识你了；'走进去'相当于在那里拿了一个绿卡，有一定身份了；'走上去'相当于成为当地一个名流，这个非常难。"

与刘子山隔代的张瑞敏总结的"三走"，用在刘子山这样一个具体的人物身上，倒颇有一种自然的感觉。

但谁能想到，若干年后，另一个生于青岛的掖县人在商业上的名气，一点也不输给这位掖县历史上赫赫有名的刘子山。这个掖县人就是张瑞敏。

1.02 非典型性高中生

1949 年 1 月 5 日，张瑞敏在青岛出生。

这天也是二十四节气中的小寒。2018 年 1 月 6 日，微信公众号"秦朔朋友圈"发表了一篇题为《张瑞敏的海尔 33 年：心心不停，念念不住》的文章。有位读者在文章下评论，大意是，小寒的物候有大雁，据说大雁有"仁、义、礼、智、信"五常，照顾弱小，夫妻从一而终等特点；这天出生的人，也大体如此……

据此后张瑞敏的成长与发展来看，这条点评妙不可言。

在青岛，张瑞敏住在西镇，这是一片类似今天棚户区的地方。许多人以卖苦力为生，地盘车（音）就成了大多数人谋生所需的工具。张瑞敏和他的小伙伴们常常会帮这些人推车。在青岛这样一个坡多路弯的地方，孩子们的帮忙让车夫们感到了新中国的不一样。从小生长在大海边的张瑞敏对外界的知晓并不多，多年后他才知道，北方的夏天真的很热。

在那个年代，"扒煤核"或许是所有城市小孩的一项集体活动。当冯巩与朱军通过小品这种诙谐幽默的形式向全国人民讲述"扒煤核"的故事时，比冯巩大8岁的张瑞敏此刻亦在用一种好玩的神情，向友人讲述那个年代的生存实录。

1959年至1961年，被称为"三年困难时期"的日子里，生存恐惧席卷中国。1955年出生的莫言正好赶上了这段苦日子，莫言后来在回忆这段历史时说，为了填肚子他什么都吃过，野草、树皮，甚至连煤块都敢啃。那是1961年的春天，村里的小学拉来了一车煤块，莫言和小伙伴一拥而上，每人抢得一块，咯嘣咯嘣啃起来，只觉得那煤块越嚼越香。在莫言看来，那种味道好极了。当莫言在老家高密吃煤的时候，此刻，与高密接壤的青岛，比莫言大6岁的张瑞敏在青岛火车站，看到影视剧中的桥段正在上演。

青岛火车站，过往者衣衫褴褛，火烧大概是当时最美好的食物了。有人在火车站的饭店买了一个火烧正欲享用，但一不留神被旁边的人一把抢了过去，然后便吃进了自己的肚子里。他们用这种无赖的方式在艰难时代求得生存。这种亲眼目睹的景象，让十多岁的张瑞敏惊讶不已。

张瑞敏是家中的独子，在那个年代，这是一种稀有的现象。不过也正因为这样，张瑞敏得了两个好处：一是他没有饿过肚子，二是他没有经历"上山下乡"。

秋后，张瑞敏的父母买了很多地瓜和白菜放在家里，冬天的食材就是这个。按当时的规定计算，1 公斤的粮票可以买 5 公斤地瓜。地瓜让张瑞敏在那个年代没怎么挨饿。作为海边的居民，他们比内陆人有更多的充饥选择，如海带。在青岛，一些上了年纪的老人，在今天对海带持拒绝的态度，看到海带他们会条件反射式地呕吐，这是因为在饥饿时期把海带作为唯一果腹选择所致的后遗症。

1962 年，13 岁的张瑞敏考入了青岛一中。青岛一中至今仍是山东省重点中学。这所中学建于 1924 年，原名为私立胶澳中学。作为一所有近百年历史的中学，自然少不了有名的校友。在青岛一中的历史上，有几个人很有名，一是原国家领导人罗干，另一位是消失在茫茫大海上的航海家郭川，再一位就是张瑞敏。1965 年 7 月，张瑞敏从青岛一中初三一班毕业，开始了他的高中生活。

高中时期，他朝着记者的方向去发展。他有着与老乡刘子山一样的想法——见世面，而记者在当时张瑞敏已知的世界中，算得上最见多识广的群体。然而，少年的记者梦遭遇了"文化大革命"，这是一场超出想象的运动，学业受阻，张瑞敏也因此成了一名标准的"老三届"。

　　"文化大革命"的开始，张瑞敏是从学长们的欢呼声中确认的。

　　"当时，66 届的高中生已经准备高考了，我在学校里面看到他们灯火通明地备考。突然有一天，他们跟炸了一样欢呼，怎么回事儿？原来广播说推迟高考，他们可以参加'文化大革命'。"张瑞敏对过往的细节记忆犹新。

　　在此期间，张瑞敏几乎是在一种无所事事的状态下度过这段岁月的。但张瑞敏也因此开启了一项长达五十多年，并保留至今的一个爱好——疯狂阅读。

　　这是张瑞敏完整教育的终结，此后，他再也没有受过连贯的教育。

　　十多年后的 1977 年，中央决定恢复高考，已育有一子的张瑞敏没有再去考试。正如他所言，如果能受到完整的教育，他想当一名记者。张瑞敏至今仍然认为穆青所写的《县委书记的好榜样》是不可多得的好文章。正如焦裕禄是县委书记的好榜样一样，穆青就是少年张瑞敏的好榜样。

　　1967 年，18 岁的张瑞敏高中毕业，进入一家做五金件的工厂，开始了他的工人生涯。而那些同为"老三届"的知名企业家，每个人的路都千差万别。

　　原招商银行行长马蔚华就是其中一例。和张瑞敏一样，他生于 1949 年，典型的"老三届"。马蔚华高中毕业后去辽宁插队，4 年后又通过考试回城，成为锦州铁路局大虎山工务段的一名工人。恢复高考后，他考入吉林大学，毕业后被分配至辽宁省计划委员会，从此开始了不一样的人生。

而任正非与柳传志这两位年龄稍大的知名企业家，则在大学停止招生前，分别考入了重庆建筑工程学院（已并入重庆大学）和西安电子科技大学，并开始了此后的商业生涯。

历史长河中那些有同有异的人生境遇，有的从此殊途，有的则殊途同归，不得不让人感叹人生之不可思议。

1.03 我们工人有力量

"有的年轻人太矫情了。我不用倒时差，我当车工的时候，一天站8个小时，刚开始的时候大家都站不住，就这样，一天、一周、一个月，站下来就没问题了。"张瑞敏说这些话的时候，是他刚刚从美国讲学回来不久。2017年3月，张瑞敏前往斯坦福大学商学院，在几天的行程中，他旺盛的精力让随行人员颇为苦恼。

张瑞敏这段交织着历史与现实的回忆，展现了他此生最为重要的时刻。张瑞敏由一名学生成了一名工人，这一步，开启了他波澜壮阔的一生。

他向几代国家领导人汇报过工作，三十多年来，不断受到党和国家领导人的称赞；中国三十多个省市区，他每到一地，都会受到当地官员的热情接待。海尔的荣誉墙上，挂着近几十年来那些有头有脸的人物来访的照片。他自 2002 年开始，连续任中共十六届、十七届、十八届三届中央委员会候补委员，自 1992 年开始，他先后当选党的十四大、十五大、十六大、十七大、十八大、十九大共六届党代表。在中国的企业家中来说，几乎无人出其右……

他与全球传奇 CEO 杰克·韦尔奇谈笑风生，与日本经营之圣稻盛和夫论辩经营之道，与马云斗诗斗采。他同业的朋友圈，都是近几十年来世界闻名的企业家……

他与竞争战略之父迈克尔·波特（Michael E.Porter）聊战略，与《失控：机器、社会与经济的新生物学》的作者凯文·凯利（Kevin Kelly）谈失控，与罗伯特·卡普兰（Robert S. Kaplan）论自己所创的共赢增值表与平衡计分卡之异同。他代表中国企业家，走上美国东海岸那个代表美国精英文化的哈佛大学讲堂；他又代表自己，走上美国西海岸那个代表牛仔精神的斯坦福大学。在欧洲，他获评管理大师彼得·德鲁克（Peter F.Drucker）曾经的荣誉——Thinkers 50 人；他所来往的学术圈，是近几十年来那些创造理念的殿堂级人物……

他建立的海尔集团，年营业收入超过 2400 亿元，收购传奇发明家爱迪生一手创建的通用电气家电业务，吃下新西兰国宝级品牌斐雪派克，把昔日的学习对象日本三洋家电收入麾下，他在全球建立了十大研发体系，108 个制造工厂。他所建立的商业帝国，遍布五大洲；他所制造的家电，连续 9 年居全球白色家电市场占有率第一；他所创立的海尔品牌，连续 9 年蝉联世界白色家电第一品牌……

18 岁的张瑞敏不知有没有想到，当他回首往事的时候，他可以骄傲地背诵出保尔·柯察金那段影响了许多人一生的话：一个人的一生应该是这样度过的，当他回首往事的时候，他不会因为虚度年华而悔恨，也不会因为碌碌无为而羞耻。

和保尔一样，张瑞敏的工人生涯，也与钢铁有关。

当时的张瑞敏也许没有意识到，他不平凡的人生，是从当一名普通工人开始的，而非多年后的那个冬天以厂长身份走进青岛电冰箱总厂。

2017 年 2 月，青岛当地的《半岛都市报》刊发了一则题为《时隔 20 多年，原国营青岛建筑五金厂老员工盼重逢》的消息。这则消息，勾起了一些人的回忆。国营青岛建筑五金厂最早由私营业主组成，取名"大陆五金厂"，公私合营后收归国有，更名为"国营青岛建筑五金厂"。

这则消息中的主人翁王建国，对当年的厂子记忆特别深刻："1958 年大炼钢铁时，工厂新进了一批工人，给工厂增添了活力。1968 年，工厂又招了一批高中、初中毕业生。"他口中的那批初中、高中毕业生里，就有张瑞敏。

1968 年，张瑞敏高中毕业，被招工进入国营青岛建筑五金厂。

张瑞敏参加工作了，这份工作不算最好，但相对来说是个不错的工作。以当时人们的衡量标准来看，青岛最好的工厂是四方机车车辆厂，因为它属于铁道部。四方机车车辆厂始建于1900年，曾在1952年造出了新中国第一台蒸汽机车。现如今，四方机车车辆厂成了赫赫有名的"南车青岛"。除了这座工厂，次好的选择就是国棉纺织厂。青岛市的国棉纺织厂在那时候的中国也是赫赫有名，所谓"上青天"，即指上海、青岛、天津这三个城市的纺织业是最好的。

进四方机车厂要一些专业的技术，张瑞敏没有。而国棉纺织厂则是另一番景象，许多工人为了不让孩子"上山下乡"，早早地退了休，让子女顶班，继续当工人。那个年代，招工的名额属于指标管控，没有指标谁都进不来，因此张瑞敏也没能进入那家纺织厂。

张瑞敏比较知足，在当时，能当工人是一条特别好的就业之路。要知道，他同届的许多人去了青海格尔木当知青，大部分人此后历尽坎坷。

从学徒到班组长，从班组长到车间主任，从车间主任到团委书记，从团委书记到副厂长。五金厂的12年，使张瑞敏从一名工人成了一名干部；从一个少年成长为一名青年。虽然与同时代的知青不一样，他没有接受贫下中农的再教育，但他接受了工人的再教育。

张瑞敏接受的第一项教育就是吃苦。

学徒不是个轻松活，合页、插销、锁、钉子、针，都在张瑞敏的生产范围内。张瑞敏的第一课，就是大三班^①。作为一名车工学徒，张瑞敏上班的第一天，就是站着干8个小时的活。"开始站的时候，真的要倒下去一样，站不住。站8小时，没有凳子，有凳子也不可能坐，车工就得站着，而且眼手要配合得非常好，不能走神，走神是要出事儿的。"张瑞敏回忆道。就这样，站了一个星期后，张瑞敏感觉好一点了；站一个月后，他就适应了。夜班也一样，刚开始，张瑞敏感觉晚上很难受，但慢慢也就都适应了。

张瑞敏受到的第二项教育与人的价值有关。

老工人经常会对新工人讲故事，收入就是这无数故事主题中的一个。"你以为你是谁，你可以算一算，像我们要退休了，这一辈子能挣多少钱呢？一生就挣两万多元钱。"一位老工人向张瑞敏说道，"我们从开始当学徒挣二十多元钱，到最后哪怕慢慢升为四级工、八级工，七八十元钱，这一生也就两万多元钱，反正到我这儿三万元。"这笔账让张瑞敏吃了一惊。这样的场景，恰如《了凡四训》中的道人，准确预言了了凡的一生。然而了凡最后改变了自己的命运，张瑞敏也一样，他跳出了命运的轮回。

张瑞敏受到的第三项教育，有关人的积极性。

在当工人的那段日子里，张瑞敏有一个强烈的感受。在他

---

① 大三班：即一天24小时，每8个小时一班，班班有人，人休机不休。

看来，工人当中有许多人非常有能力，他们有很多不错的想法。但只要领导一句话，说一件事该怎么做，事情就定下来了，那些不错的想法也就没有任何用处了。时间一长，有好想法的工人也不说了，因为他们知道说了也没有用。再往后，工人们连好想法也没有了。

1974 年，张瑞敏在五金厂已经做到了团委书记，这个任命标志着张瑞敏由一个工人的身份，转到了干部的身份。在任团委书记期间，张瑞敏不仅完成了身份的转换，还上了夜校。这个夜校教的是大学课程，他学的是机械制造。这是他在高中毕业后，又一次接受系统训练。那段时间张瑞敏每天骑自行车，因为青岛地形的缘故，骑车是一种颇为剧烈的运动。因为会出大量的汗，张瑞敏每天骑车之前，得先把毛巾备好，汗水湿透了他的脸，湿透了他的脖子，毛巾也渐渐能拧出水来。

四十多年后，张瑞敏的锻炼方式变成了每天早上和机器人打一会儿乒乓球。他公开向原青岛市市长张新起讲述养生秘诀——每天早上干嚼几块生姜片。健康的体魄一直伴随着张瑞敏，即便在青岛的冬天，68 岁的张瑞敏也只穿一条长裤。

1980 年，31 岁的张瑞敏被调至青岛家电公司，任副经理。

青岛家电公司与青岛建筑五金厂一样，同属青岛市二轻局管辖。在整个二轻局里头，张瑞敏是二级公司里最年轻的副经理，刚过 30 岁。张瑞敏离开家电公司到青岛电冰箱总厂任厂长时也才 35 岁。"我到冰箱厂，他们觉得太可惜了，觉得我最年轻，还可以再升，但我觉得太没有意思了，每天看报纸、传达文件、贯彻文件。"张瑞敏内心的冲动一直延续至今，那就是改造自己，改造社会。

1984 年 12 月 26 日，张瑞敏走进了青岛电冰箱总厂，此后，海尔集团以这一天作为自己的成立纪念日，而没有选择法律意义上公司成立的日子。

1984 年，那些如今在中国企业界举足轻重的人物，分别迎来了自己颇具纪念意义的年龄。柳传志和任正非 40 岁，王健林 30 岁，马云 20 岁，马化腾 13 岁，刘强东 10 岁，张一鸣 1 岁。

那年的张瑞敏，35 岁。

1984 年，亦被定义为中国企业的元年。柳传志、王石、张瑞敏等都是在这一年选择了创业。吴晓波在《为什么 1984 会成为中国公司元年》一文中，对此进行了深度解读。他把 1978 年定义为改革开放的破局之年，把 1984 年定义为改革开放在全国达成共识的一年。承包制在农村取得成功后，就被复制到城市里来，承包制进城让改革热情高涨了起来。联想、万科、海尔，同时出现在城市里。

1984 年的张瑞敏和他的海尔，是一幅什么情景呢？

海尔之前不叫海尔，叫青岛电冰箱总厂，而青岛电冰箱总厂也不是最早的名字，在张瑞敏刚刚上任的时候，这家企业叫"青岛日用电器厂"。

日用电器厂生产电葫芦、吹风机、小台扇以及一款名为"白鹤"的洗衣机。在张瑞敏上任前，一年之内已经换了三任厂长，负债更是让这家企业难以为继。员工都想逃离这个厂子，偏偏张瑞敏在此时被派到了这里干"一把手"。

张瑞敏刚一上班，就有五六十份请求外调的报告等着他批。员工早上八点上班九点早退，十点厂里就几乎空无一人了……

张瑞敏上任后的第一个决策就是，退出洗衣机市场转而生产电冰箱。当月厂名就被换为"青岛电冰箱总厂"。次年，张瑞敏的那把大锤就砸向了几十台不合格的冰箱。这在当时乃至此后相当长的时间内，成了中国企业界的美谈。

一九八四，多么激动人心的一年。

1.04 第一学历

中国的知名企业家就那么一些，如果用"第一学历"来看，大致可以分为军人出身、知识分子出身、工人出身、农民出身、商人出身。依这种分类，知识分子出身的最多，工人与农民出身的最少，商人与军人出身的居中。

万达集团创始人王健林，1970年入伍，1987年以正团职身份转业；华为创始人任正非，1963年考入重庆建筑工程学院，大学毕业后入伍，1983年复员转业。这是军人出身的代表。

联想创始人柳传志，1966年毕业于今天的西安电子科技大学；阿里创始人马云，1988年毕业于杭州师范学院外语系；腾讯创始人马化腾，1993年毕业于深圳大学；京东集团创始人刘强东，1996年毕业于中国人民大学；今日头条创始人张一鸣，2005年毕业于南开大学。这是知识分子出身的代表。

娃哈哈创始人宗庆后，销售员出身；格力集团董事长董明珠，销售员出身；福耀玻璃创始人曹德旺，采购员出身。这一类，或可归为商人出身。

在中国的知名企业家中，农民出身的几乎没有，如果要把华西村的吴仁宝和大邱庄的禹作敏算作企业家的话，那也是屈指可数。工人出身与农民出身的同样稀少，张瑞敏就是这少之又少中的一例。

工人出身的人，如同发于卒伍的猛将，起于州郡的宰相，他们有一些共同的特点：熟套路、懂人性、无书生气、无娇气、无官气，最重要的是，能实事求是，遇事有办法。

冯巩曾经主演过一部电视剧，叫《生活有点甜》，主人公唐喜从光华纺织厂某工段段长的位子上被降职后，通过岗位竞聘去管食堂。作为一个门外汉，他不怕苦不怕累，不怕被孤立，调研请教加实践，没多久就弄清了食堂里的猫腻和门道，并且有了一整套整改的办法，最终取得了好的效果。

正如梁漱溟一样，未出国留过洋，也未受过国内正规大学的训练，是自修型知识分子出身。张瑞敏就是自修型的、具有知识分子特点的工人。

一个热爱学习、苦干实干的工人，当把自己改造成一名"知识分子工人"的时候，他就会爆发出惊人的力量。张瑞敏就是这样一个热爱学习、苦干实干的人。在1984年之后的日子里，这位工人出身的干部，这位知识分子型的工人，不仅成功改造了自己，而且成功改造了另一群知识分子。

"工人知识分子"的特色，是张瑞敏及张瑞敏为海尔奠定的底色，这个底色，是区别于其他企业和企业家的显著特点。

1.05 事业成功算不得企业家

"六楼吃过饭，走过八号门，不枉海尔这几年。"这是海尔内部流传的一个段子。

六楼指的是海尔董事局大楼的第六层，这层属于张瑞敏，他在这里办公、开会、会客及宴请；八号门是海尔信息产业园八个门中的一个，一般车辆不允许通行。这个段子的背后，是海尔员工对张瑞敏个人神秘色彩的追捧。在现实中，许多在海尔工作多年的人，也未必有机会一睹张瑞敏真容。

无论在全球海尔员工的眼中有多少神秘，民间有多少毁誉，专家有多少分析，我想谈一谈我眼中的张瑞敏。有趣的是，我见到的是68岁的张瑞敏，他不是1984年创业初期为了借钱，连喝五杯白酒的张瑞敏；不是1998年海尔在美国建厂时，意气风发的张瑞敏；不是 2002 年当选中国共产党第十六届中央委员会候补委员时，踌躇满志的张瑞敏……

68 岁的张瑞敏，或许已经真正经历了孔子所说的那些人生阶段：三十而立，四十不惑，五十知天命，六十而耳顺，七十随心所欲不逾矩。

没有保镖、没有助理、没有顾问、没有绯闻，张瑞敏的人生，寡淡到只剩下企业管理与读书两件事。

从一般人的角度看，张瑞敏或许和其他知名企业家并没有多少差别，他有钱、有地位，是一位成功的企业家。但如果从企业家的角度来说，张瑞敏可能超越了一般的企业家。如果从成功的企业家角度来定义的话，他可能是企业家中的企业家，因为很少有他这么成功的企业家。

从事业上来说，一个 2400 亿元的集团公司，一个享誉全球的知名品牌，一个出现在影视作品中的典范，一个众所周知的人物，在中国的企业界数不出来几个人。

从健康度上来说，68 岁的张瑞敏在青岛的冬天也只穿一条长裤，少病少灾，唯一的运动就是每天早上和机器打一会儿乒乓球。

从家庭方面来说，虽然他很少提及家庭，但在几次他与来访者的谈话中，他提起的家庭生活却也普通平常，有天伦之乐，没有什么风浪。

从个人发展上来讲，从改革开放至今，他是第一批企业家，也是陪了一批又一批企业家的企业家，他陪伴着中国改革开放的进程，一直屹立不倒，已成传奇。

好的身体、和谐的家庭、成功的事业、丰富的内心、精准的人生定位。就这五项综合起来看，可以说他是圆满的，以这五项来衡量，他可以称得上企业家群体的标杆。

改革开放这么多年来，我们身边不乏有钱的企业家，不乏红极一时的企业家，不乏事业成就之巨大、声名之隆庆的企业家，但说到与定位相关的善终，与终身幸福相关的家庭和健康时，能全有者却是少之又少。

企业家是个特殊的群体，如果把企业家看作一个行业，那么它有着自然的门槛，这个门槛就是健康、家庭、才能和定位。

健力宝的李经纬、科龙电器的顾雏军、东星集团的兰世立、南德集团的牟其中都是曾经红极一时的企业家。然而说到归宿，他们中有的人成为悲情英雄，有的人沦为阶下囚；这多因定位或才能不足而致。能赚钱只是企业家具备的才能之一，做大做强也只是才能之一，持续健康为社会贡献好的产品才是一项核心能力。识大势，知进退，趋利避害更是一种人生的能力。

创新工厂李开复患淋巴癌、万科创始人王石有血管瘤、联想创始人柳传志患美尼尔综合征、江民杀毒软件创始人王江民因心脏病去世……没有健康的身体来取得并驾驭财富，依旧算不得成功。近年来，网络上时不时地会有这样的话题——"企业家健康谁来关注"，答案很简单，当然是企业家自己了。只有自己才能救自己。这不仅涉及企业家对自身健康的认识，更涉及企业家对自己人生定位和人生规划的问题。也就是说，许多企业家还不能称之为企业家，是因为他们还不明白健康、事业、金钱之间的关系，或者认识到了而没有做到。

除了健康之外，家庭是事业之外最为重要的方面之一。

在 2018 年刚刚到来之际，霸王集团家庭内斗的升级再次成为舆论热点。在网络上，有新闻标题这样写道："霸王集团家庭内斗升级，8 年暴跌 190 亿，被妻子控诉家暴，简直就是一部家庭企业衰退史"。这种标题党式的新闻背后，是一个长盛不衰的话题——企业家的家庭问题。

从 TCL 董事长李东生与前妻洪燕芬的"最具影响力"财产分割，到真功夫前董事长蔡达标的离婚财产纠纷；从阳光媒体创始人杨澜与前夫张一兵的"隐秘分家"，到蓝色光标董事孙陶然与前妻胡凌华的"昂贵分手"；从赶集网总裁杨浩然与王宏艳长达三年的感情纠葛，再到土豆网创始人兼 CEO 王微的离婚纠纷催生的新名词"土豆条款"……中国资本市场正不断上演着富豪们的"爱恨情仇"。

以上内容来自《经济导报》这篇题为《企业家婚变：民企风险管理之殇》的文章，有趣的是，在这段描述之后，紧跟着是作者引用张瑞敏的评语："看来，海尔张瑞敏当年的一句'没有几个企业家的婚姻家庭是圆满幸福的'正不断得到验证。"

这或许是事业与健康之外，更为考验企业家的地方。平安、健康与家庭，是人的基本面，企业家亦应该享有这样的基本面，然而遗憾的是，很少。如果失去这三项基本面而侈谈事业，那这样的事业，也仅仅是金钱的另外一个名称而已。

从改革开放之初至今四十余年，"张瑞敏"这三个字一直闪耀并陪伴了几代企业家。这不得不令人感叹。

抛开以上企业家不说，就张瑞敏所在的山东省，就有着许多不同类型的故事上演。

改革开放初期，"山东三张"名噪一时，他们分别是海尔集团张瑞敏、济南轻骑张家岭、三联集团张继升。然而现在人们知道的，恐怕只剩下张瑞敏了。

张家岭绝非庸人。1988 年底出任济南轻骑摩托车总厂厂长，当时该厂处于难以为继的边缘，他上任后进行了大刀阔斧的整顿。济南轻骑从制造自行车零件起步，发展成为全国摩托车制造业的龙头企业，鼎盛时期在我国香港和内地曾拥有三家上市公司，核心企业发展到 50 家，其中全资国有企业 13 家，合资企业 19 家，海外公司 10 家。张家岭也成为一个时期的风云人物，曾被评为全国劳动模范，荣获五一劳动奖章。然而，2007 年 1 月，当张家岭再次成为国内外关注的新闻人物时，却是因涉嫌贪污受贿、挪用公款。

济南轻骑这家企业，亦如张家岭接手之时，回到了当初的模样。

所有因职务而造成的贪污腐化，与贪念的关系并不大，与定位不准却有很大关系。一个小有权利的人如果知道自己是谁，那贪心的他有可能冒险去做非法集资，但通常不会从职务上捞油水。

张继升是个传奇人物。他从一位中学老师成长为企业家；他让一家濒临倒闭的小厂变身为曾经的企业巨无霸。当年一份名叫《三联报》的内刊，在济南发行量就达数万份并且对外发行，三联落寞后，《三联报》却为山东新闻界贡献了不少人才；20世纪90年代初，张继升在日本考察时，就已感觉到电脑的厉害和互联网时代的伟大，他回国后多次提出窗（即 windows）是未来，其下属的山东三联电子信息有限公司在 1995 年就兴建了中国第一条商用信息高速公路——百灵网，该网成为中国最早的宽带光纤；除此之外，他建立的三联商社也在苏宁、国美之前大放异彩。

张继升当年提出来的"领先半步战略"，今天看来亦是高人眼光。"领先一步是烈士，领先半步进入无竞争领域。"这些话都是张继升说的。然而 2018 年，张继升"消失"了，三联也落寞并且"百病缠身"了，但是他当年收购和主办的《经济观察报》却依然活跃在中国传媒界。据张继升亲近的人讲，张继升的"失败"和三联的败退，与张继升的婚姻变故密不可分，此事在整个济南，或许已是众人皆知。

在讨论企业家时，我们往往聚焦于企业家本人对于社会的财富贡献和思想贡献，却往往忽视他们的健康、家庭和精神。

但企业家本人却不会不关注这些东西，他们甚至常常为企业以外的事苦恼。这或许是张瑞敏与其他知名企业家的区别，而不仅仅是管理企业的理论与成就。

抛开海尔的性质不说，在海尔的这段日子里，我未曾听闻有关张瑞敏的任何绯闻。

除了婚姻、健康等企业家绕不开的话题外，"圈子"也应该是企业家们戒除的东西。

在当下，圈子是一种显性的存在。各种"会"各种"堂"，"几君子"的称号，一些"联盟"盛行、喧嚣在当今社会。这样的路被认为是通往成功的正路与捷径。但人生中，其实从来没有捷径这回事。信奉圈子的人，必将为圈子所累。建立圈子的人，必将被圈子抛弃。中国历史上，朋党不仅存在于朝堂，更深植于社会。一旦有了圈子，便会堕入到小集团中去。正如张瑞敏所言，帝王术到最后一定是政治衰败，一定是人身依附。那些用钱来兑换学历的人，那些用学历来兑换钱的学校，双方都只是暂时的满足，最后必将堕落到衰败中去。人不自省自修，不苦练内功，只靠这些，就会出现当前社会上一些企业正在上演的闹剧。

而"圈子"在张瑞敏的生活中，难觅其踪。张瑞敏的一句口头禅就是"人要知道自己姓什么"。

1.06　商学院院长

在海尔集团董事局主席兼首席执行官之外，在六届中国共产党全国代表大会的代表之外，在社会名流的身份之外，张瑞敏还有另外一重身份，那就是中国最小而美的商学院院长。

中国最知名的商学院，莫过于长江、中欧，抑或是北大光华管理学院、清华经济管理学院之类。

2017 年 5 月 20 日，中国政法大学建校 65 周年庆。政法大学商学院提出了自己的办院方略，即融合型商学院。另有以北大光华管理学院、清华经济管理学院为代表的学术性商学院，以长江和中欧两家商学院为代表的实战型商学院。而中国人民大学商学院提出，区别于中欧、长江这些善用外国案例和思维的商学院，自己要做和中国企业结合最紧密的商学院；此外，还有诸如私立的和君商学院等也颇有影响力。

无论中国这些林林总总的商学院有多少个，有多少类，在我看来，中国最小而美的商学院不在别处，就在青岛市海尔路 1 号的海尔信息产业园内。这里有一位实战经验与理论兼具的超级院长，这里有一批实战派的高手，这里往来着世界一流的学者和企业家，这里有大大小小的各类公司作为研究的样本。

欧洲最伟大的管理思想大师查尔斯·汉迪（Charles Handy），竞争战略之父迈克尔·波特（Michael E.Porter），哈佛大学商学院终身教授约翰·科特（John P.Kotter），加拿大管理学大师、被称为管理学领域伟大的离经叛道者的亨利·明茨伯格（Henry Mintzberg），平衡计分卡与作业成本管理创始人、哈佛大学教授罗伯特·卡普兰（Robert Kaplan），《连线》杂志主编凯文·凯利，战略管理大师、"核心竞争力"提出者加里·哈默……这不是一份世界管理大师排行榜，而是近几年来与张瑞敏交流的专家、学者。

牛津大学教授、量子管理创立者丹娜·左哈尔，前白宫政策顾问、斯坦福大学商学院讲师艾米·威尔金森，阿里巴巴马云、京东方董事长王东升、合肥市市长凌云、山东省省委书记刘家义，河钢集团董事长于勇、俄罗斯联邦储蓄银行首席执行官赫尔曼·戈夫，中集集团总裁吴发沛、山东省原省长郭树清、国防大学原校长张仕波将军等一行、新华社山东分社社长余孝忠，华中科技大学校长丁烈云、著名财经作家秦朔和吴晓波、德国前总理施罗德、俄罗斯鞑靼斯坦共和国国务委员会主席穆哈梅特申，《实施超越预算》作者、挪威国家石油公司副总裁比亚特·伯格斯尼思……这仅是一年不到的时间里，我所见、所听到的张瑞敏接待的学界、企业界、政界等来宾的一瞥。

这里有理论，有实战，有世界的思维与不同文化的碰撞。我想，这里区别于其他大企业的是，除了企业界的交流、政界的调研、思想界与学界的来访是其他企业很少具备的，与这些来访者能产生思想碰撞并形成新的观点的，更是少之又少。或许只有张瑞敏这样集多年实践与多年阅读思考于一身的人，才能撑起这样的场面。

1.07 共产党员

在中国共产党第十九次全国代表大会闭幕后不久，青岛市委组织部便召开了全市领导干部大会，传达学习这次大会的精神。张瑞敏参加座谈并做了发言。他的发言让一个参会者内心荡漾，并写下一篇文章来肯定张瑞敏的学习体会。这个作者是青岛市供销社副主任任伟中。

任伟中称赞张瑞敏无愧于优秀共产党员、全球著名企业家和管理思想家等荣誉称号。任伟中此前与张瑞敏并不认识，他的所感、所写，正是有感而发。

张瑞敏是名老党员，我不知道他什么时候入党，但在中国共产党员这个身份上，他是认真的。

2017 年 1 月 22 日，海尔集团党委召开 2016 年度民主生活会。在会上，张瑞敏真心真意地谈了许多体会与感想。从他言谈举止与字里行间，能感受到一名共产党员的真诚。

说到这里，我再多说一句，和任伟中说的一样，张瑞敏多是即席发言，不准备讲稿。据我所见，张瑞敏在所有场合发言几乎都不用发言稿。平日里，凡涉及会议发言，对外发表他署名的文字，几乎都是他自己手书。在我服务张瑞敏的一年时间里，曾见过他无数的手稿，有的手稿甚至几易其稿。

不管是从张瑞敏一贯的行为还是言论中，他是毛泽东思想的践行者。在中国，许多知名企业家都从不掩饰自己对毛泽东思想的崇拜。

马云曾公开表示对毛泽东思想的学习，并在企业内部推行过"整风运动"来统一价值观、统一理想；雷军也表示自己是《毛泽东选集》的读者；而陈天桥的办公室里，摆放着一整套《毛泽东选集》。此外，诸如任正非等企业家，许多内部讲话的标题更是直接用了毛泽东原本的文章题目，他们的许多经典语录，也是出自毛泽东的文章与思想。可以证明毛泽东思想在企业界和企业家中的影响之大。

但张瑞敏从来没有明确表示过自己对毛泽东思想的崇拜，也没有像许多企业家那样，承认毛泽东思想对自己的影响。但据我观察，张瑞敏确是一位毛泽东思想的践行者。他超凡的战略判断；他带领众人从一个成功到一个成功的实践；从实践美、日管理模式到怀疑纠偏，再到独创中国式的管理模式；从中国传统文化的自信到兼有虎的威严与猴的灵气……张瑞敏所创的新型管理模式，也不啻为企业版的"山沟沟里的马克思主义"。

张瑞敏是一名党员，而且是一名与时俱进的真正的党员。中国共产党的智慧与担当，中国共产党的奋斗史与成长史，早已为这个世界贡献了许多宝贵经验。故而党员的身份，不是一种虚名，亦不是一种利益，而是一种信仰与思维。谁真正认识它，谁真正拥有它，谁就会生发出勇气与担当，智慧与能力。

在我所见的几位党员干部里，他们见识深刻、反应迅速、睿智识断。这背后或许正是中国共产党执政能力的普遍体现。

第一位是时任江苏省省委书记，现任中央政治局委员、上海市市委书记的李强。2016 年 12 月 7 日，张瑞敏前往江苏参加首届世界智能制造大会。会前李强会见了张瑞敏，在听取张瑞敏关于"人单合一"模式的介绍时，有了一段小小的对话。

李强："噢，是扁平化。"

张瑞敏："还不太一样。"

李强："噢，是网络化。"

李强几乎不加思索地领悟到了人单合一模式下的组织变革与传统扁平化的区别。当时的场景令我震惊。因为就组织来讲，我们目之所及，几乎所有的组织采取的都是科层制，扁平化是科层制这个体系里的一种组织方式；相较于传统科层制，扁平化只是压缩了科层制的层级。而网络化，是超越科层制的，网络化是一种节点化。

李强在极短的时间内，就抓住了问题的核心，不得不让人佩服。因为此核心确实不易直击。在海尔内部，人单合一推行多年，许多人尚且不能明白扁平化和网络化的区别；有知名的专家、学者来交流，仅此一项的解释，就需要花很长时间。

第二位是教育部原部长、时任中国工程院院长的周济。2016 年 12 月 2 日，周济与一众院士来访海尔，在半个多小时的边走边看边听中，周济自己总结道："海尔指明了新一次工业革命的核心思路。"这句点评，与海尔内部对人单合一模式在管理学上的定位几乎分毫不差——海尔内部定位是："人单合一是工业革命以来，继福特主义和丰田模式后第三次划时代的变革。"

1.08 段子手

"褶子不影响中国梦。"张瑞敏笑着说。

2017年10月2日，央视的这一期《焦点访谈》把节目时长全给了张瑞敏。这是一期有关中国梦的节目。在此前的9月8日，节目开始录制。当天上午，在采访前的设备调试与准备阶段，主持人看着张瑞敏那满是褶子的衬衣，不加思索地建议他再换一件，张瑞敏的回答则发挥了一个段子手的幽默。

张瑞敏的风格一般是沉稳的。但其实，他会在内部会议上破口大骂战略漂移者；在表达时，他也是个地地道道的段子手。这些段子里，有思辨，有智慧，有幽默，有儒、释、道，有马克思和黑格尔。他会在周六的平台主会议上讲出"在开放的体系内，自信就是自强；在封闭的体系内，自信就是自负"这样的名言警句；他又会在会见日本山田电机首席执行官一宫忠男时，向他讲述自己对企业的理解："企就是人和止，没有'人'，企就'止'了；人是一撇一捺，就是员工和用户，但如何能让员工和用户组成一个'人'，靠的就是人单合一。"

在当下，互联网上时不时会流传出一些诸如"张瑞敏经典语录""马云经典语录""稻盛和夫经典语录"的文字，这些文字真假不可考，但都有共通之处：乍看的经典化，语言的段子化，阅读的流畅化。因此三点，这些语录便成了一些人生产生活的指导。生活中也有许多这样的案例，往往大伪之言，亦有经典之相，人们对其难辨真伪。现在有许多意见领袖，从政治到经济，从生产到生活，从城市到乡村，都会做出点评、给出分析，做出预测、给出路径，受众之多，让人叹为观止。如若有理，国家、组织或个人，当依此论，一一行之，是国家必繁荣昌盛，是企业必脱困境，是个人必荣华富贵，然而事实却未必如此。

所谓经典，可以被无限解读是其一大特点，诸如《论语》，诸如《老子》，后世研究并大有成果者不计其数；所谓经典，是给人以启示的，是要结合个人行为与感悟的；这些言论里，要包含说者走过的羊肠小道或者光明大道，要包含说者的痛定思痛或者恍然大悟，更要包含说者良好的出发点与正心正行。否则就不能称之为经典。

2017年3月，张瑞敏赴斯坦福大学讲学期间，就说出了许多涉及面广且具有段子手潜质的名言。

● 战略就是永远寻找第二曲线，而不是对现有状态的加强。

● 互联网时代，不是大到不能倒，而是大到容易倒。互联网时代，不应该做企业，只应该做平台。互联网时代没有企业，因为企业是以自我为中心的。

- 人生唯一确定的是死，唯一不确定的是哪天死。所以海德格尔讲"向死而生"。企业也是一样，打完了油井，就要去开采新的油田，否则就会死。

- 企业的主要收入在外部而不在内部，就是社群，主要看社群规模有多大和社群成员的终身价值有多高。

- "硅谷悖论"在于，创业企业做大了以后，也必须按照传统企业来做，没有创业激情，离市场也远了。

- 做企业根本不是做资产，而是做人。

- 传统经济中，要么做品牌企业，要么为品牌代工。而在网络经济中，要么拥有平台，要么为平台拥有。

- 将来的企业一定都是网络化组织，是互联网的节点，而不是自成体系。联上互联网，能得到无限的资源；脱离互联网，可能什么都不是。

- 创业中争的不是第一是唯一。

- 人单合一就两个字：一个是权，一个是钱。权就是决策权、用人权、薪酬权；钱就是用户付薪。

- 只有小微公司才能面对市场的不确定性，以及用户的个性化需求。

- 让每一个人的收益和每一个人创造的市场价值完全一致。

● 大型企业要想成功，只能靠企业文化。但企业文化一旦形成就很难改变。我们过去的成功是因为有执行力文化，而人单合一模式恰恰和执行力文化矛盾。我们有很多管理者说：我执行得很好，不过你让我创业，我真的不会。实际上，如果你想干，你会找一个办法；如果你不想干，你会找一千个理由。

● 矩阵管理的问题在于，矩阵上的各方都听上级的，而实际上应该是听用户的。

● 泰勒是科学管理，现在应该是用户管理；韦伯是科层组织，现在应该是网络组织。

● 要做到所有的问题不是由企业解决，而是由创业者解决。

● 传统时代只是卖产品，顾客都是匿名的。但互联网时代，用户一定是有名有姓、一定是交互的。用户有什么要求，企业必须不断地迭代去满足，从而打造一种终身关系。

● 大数据的本质是小数据，即有关用户个性化需求的数据。高效率之后必须解决高精度。

● 升天堂最好的路就是熟悉去地狱的路，否则的话去不了天堂。多看死去的企业一眼，去更好地研究它们为什么死。

● 企业赢利最高的时候是最危险的时候。

● 像凯文·凯利说的，未来最大的电商一定拥有最大的实体店。就是说，如果没有体验，电商将来根本不可能存在。现在有一个说法，"不是O2O，而是O+O"，一定是线上、线下的结合。但是要做体验店，就必须卖方案、全流程，不然谁来看你的"表演"。

- 什么是社群经济？就是企业变成以社群为中心，和用户融合到一起。用户也是企业当中的一员。

- 在互联网时代，战略上，不应该再去做企业，而是应该做平台。做成平台，需要具备两个条件：零摩擦参与和换边效应。任何人，即使不是海尔的员工，也都可以畅通无阻地进入到平台上来；而在社群经济下，用户和资源的身份是可以互换的，比如，用户换边成为创业者。

- 成功有三条路：高人指路、贵人相助、小人监督。高人其实不是指具体的哪个人，而是指所有的知识。

- 现在有个非常不好的思维：倒果为因。一个人活到100岁，你把他的菜谱拿过来照着吃，难道你也能活100岁？

- 老子在《道德经》里把"物壮则老"这句话说了两遍。"物壮则老，是谓不道，不道早已。"成功遮住了我们的眼睛。在最高峰时，认为自己是最好的，何必要改变？为什么要改变？如果继续走下去，就是下坡路。很多人处巅峰但未得道。

- 贾谊是了不起的大才子。但苏轼评贾谊："志大而量小，才有余而识不足。"见识和胆识，比才能更重要。

- 搞企业的人不用看完《史记》，把《高祖本纪》看了就非常好。"汉中对"那段，韩信拜大将之后，到底行不行，是真的还是假的，刘邦要当面考察。韩信说项羽虽然具有压倒性优势，但有两个致命弱点：一是匹夫之勇，二是妇人之仁。其实"汉中对"就是做企业的精神：分析对手，他强大到你根本没法击败他；可是如果能够把部下的作用都发挥出来，就可以大获全胜。

● 有的企业家稍微做大一点就不知道自己姓什么，满世界嚷嚷"给我一个支点就可以把地球撬起来"。其实人在历史上只是一粒微尘而已。要知道自己姓什么很不容易。

● 德鲁克讲做 CEO 的六条准则，第五条是：你一旦成为 CEO，在公司里就没有朋友。老子直言"天道无亲"，法家主张"天道无私"，企业最害怕有亲有私。一个圈子一个圈子的，那样就会出现办公室政治。

● 佛教有个说法，吃苦是了苦，享福是消福，年轻人还是要在早期多吃点苦。

1.09 预见者

2017 年 9 月 13 日，距离 iphone8 手机上架销售不过几个小时，在当天的海尔集团小微样板会上，不知是出于巧合还是其他，张瑞敏用苹果与诺基亚进行对比。张瑞敏认为，苹果不是靠技术走到了今天，而是靠换道。

所谓换道，是海尔管理学中的特有词汇，与之相对应的是套圈。

　　套圈不是街头的套娃娃，而是体育比赛中的一个词。在长跑比赛中，我们经常可以见到这样的现象，跑得快的已经超过了慢的人一圈，这就叫做套圈。

　　"套圈就是不去打价格战，不管进来多少恶性竞争者。套圈是价值战而不是价格战。"这是在 2016 年 11 月 26 日的海尔集团周六战略会上，张瑞敏对"套圈"做的一个注脚。

　　换道是 2016 年 10 月底，刚刚参加完十八届六中全会的张瑞敏回到青岛，在集团周六会上提出的。在张瑞敏看来，弯道不能超车，弯道超车是在原来传统的管理机制下进行的超越；而国外企业早已是名牌企业并遥遥领先，所以应该换道，换另外一条道。

　　诺基亚和苹果手机就是换道的例子。如果诺基亚可以代表传统手机的话，那苹果颠覆诺基亚不是手机对手机的颠覆，诺基亚手机只是通信工具，而苹果手机是移动互联网工具。如果要完整表述的话，诺基亚手机是通信工具的载体，苹果手机是移动互联网的载体。

　　在张瑞敏看来，目前的苹果手机没有继续前行，而其他家都赶上来了。所以此时，苹果手机改外观也是徒劳的。技术可以保持一定的优势，但靠技术变成不可模仿的竞争力是不可能的。技术需要套圈，但商业模式需要换道。商业模式换道体现在，现在互联网电商的商业模式颠覆了传统的商业模式，但是如果不继续往前走，也是走不下去，阿里巴巴和京东的竞争，其实是一场同质化的竞争，唯一的区别在于细枝末节，而不是大战略的区别。要实现商业模式换道，必须抓住下一个市场机会。张瑞敏对互联网的下一场，即移动互联网之后的判断是物联网，这就是他所谓的换道。

张瑞敏的战略思维，是值得大书特书的。战略、领导、预见未来是一种什么感觉？毛泽东在《在中国共产党第七次全国代表大会上的结论》中有过特别精彩的论述：

"预见就是预先看到前途趋向。如果没有预见，叫不叫领导？我说不叫领导。"

"坐在指挥台上，如果什么也看不见，就不能叫领导。坐在指挥台上，只看见地平线上已经出现的大量的普遍的东西，那是平平常常的，也不能算领导。只有当着还没有出现大量的、明显的东西的时候，当桅杆顶刚刚露出的时候，就能看出这是要发展成为大量的、普遍的东西，并能掌握住它，这才叫领导。"

张瑞敏治下的海尔，33年的辉煌业绩就是这种能力的显现；张瑞敏本人三十多年来一直在公众的视野内，就是这种战略的显现；三十多年来一直持续不断输出管理思想与管理方法，亦是这种战略的显现。

如果简单地用张瑞敏战略指导下的海尔作为样板解剖的话，那么应该是这样一幅超前的场景：别人做数量的时候，他在做质量；别人做质量的时候，他在做售后服务；别人在做售后服务的时候，他在做国际化；别人在做国际化的时候，他在做全球化；别人在做全球化的时候，他在做管理模式的底层变革。

战略就是找到正确的路，执行就是走好正确的路。

在商业上，张瑞敏是一个可以预见到未来的人。预见未来，有时是一幅清晰的场景，有时却是模糊的方向，无论清晰与否，但一定要有捕捉未来的直觉。这是大人物必备的素质，在战略判断上，是不分领域的。

诸如关于苹果和诺基亚这样的判断，数不胜数。如果把张瑞敏的这些判断整合起来，就可以看到他眼中未来的商业模式和经济形态。

如果用张瑞敏的套圈、换道理论来看苹果手机的话，苹果手机已经离主道渐行渐远了。

在大家都在做智能手机之际，苹果手机只是保持了套圈的优势，而这种优势，是随时可以被超越的优势。如果用张瑞敏的另一个理论，"战略不是加强现有优势，而是及时开启第二曲线"来说的话，我们看不到苹果开启的第二曲线，只看到了它对现有优势的加强，而且这种优势，越来越成为一种负担。诸如从 App Store（应用程序商店）里下载东西时，多了"安装确认"这道毫无用处的步骤，而这道步骤，几乎连工业时代在生产中减少动作的基本原理都违背了。苹果手机依旧会辉煌几年，但它已经走在了下坡路上。

张瑞敏认为物联网是即将到来的时代，他多次讲到这个话题。令人惊奇的是，他本人对互联网工具的使用并不多，至今他也不用手机，只是偶尔用电脑上上网，然而他对互联网的判断，却是少有的清醒。

"不触网，就死亡"是张瑞敏接触网络后的第一直观感受，对此他进行了更为具体和深入的研究。他认为，互联网发展至今，经历和正在经历三个阶段，第一个是桌面互联时代，第二个是移动互联时代，第三个是物联网时代。桌面互联解决的是信息不对称的问题，移动互联解决的是速度的问题。

以中国的实践来讲，在桌面互联时代，兴起的是一大批与新闻等有关的门户网站和社交网站；而到了移动互联时代，兴起了一大批交易平台。在移动互联时代，桌面互联时代的许多网站大面积死亡，只有少数苟延残喘到了移动互联时代；在移动互联时代，阿里巴巴、京东等企业如日中天，它们正是移动互联时代的产物。这正如张瑞敏的另一个判断一样——"没有成功的企业，只有时代的企业"。所谓成功，只是踏准了时代的节拍而已。

所以目前热炒的诸如"搜狐是如何掉队的"这样的话题，是个时代的问题，和战略判断有关，和这类文章中所述的张朝阳"夜夜笙歌"无关。

在桌面互联时代之前，企业做大做强才有出路；在移动互联时代，企业变成平台才有出路；而在物联网时代，企业成为社群和生态才有出路。

除此之外，张瑞敏将互联网时代的企业分为两类，一类是互联网技术型企业，一类是互联网管理型企业。现在任何一家企业，都在不同程度地应用互联网技术，一批以互联网技术为核心的明星企业风头正盛，然而互联网管理型企业却是少之又少，几乎没有。许多兴旺发达、立于潮头的所谓互联网企业，只不过是应用互联网技术的企业，但它们应用的管理方式仍然是工业革命以后、福特和丰田等企业贡献给世人的实践经验。

不得不说，张瑞敏认识到了互联网的本质。互联网要颠覆的，不仅仅是生活方式，还有组织方式。

正如第一次工业革命对这个世界的改造，最易被人察觉和看到的，是蒸汽机的怒吼；然而普惠全人类的，却是不易被人察觉和看到的科学管理和流水线生产。

对下一个即将来到的时代——物联网时代，张瑞敏情有独钟，倾注了大量心血。他多次在内部会议上大呼，物联网这个概念从提出至今几十年依旧没有被引爆，如果抓不住物联网时代的机遇，那就真的全完了。

对物联网时代的整体判断和分解，张瑞敏做到了详之又详，他认为物联网应具有三种特征：情景感知、社群共创以及价值共享。三个特征分别对应物联网的三种经济形态：体验经济、社群经济和共享经济。他认为，物联网时代，要区别于电商只能为用户提供单向选择、没有交互定制、不能与用户共创的局限；价值共享，不但是利益攸关方满足用户体验后获得价值共享，而且用户也能获得需求和体验得到满足的价值共享。

1.10 旁观者

就在《焦点访谈》记者来访的同时，著名财经作家秦朔与张瑞敏进行了一番长谈。长谈后，秦朔写下了16000字的长文，这篇文章，引起了不小的争议。

2017年9月7日，著名媒体人秦朔来访张瑞敏。在长谈后的13天，秦朔在其自媒体"秦朔朋友圈"发表了16000字长文，题为《专访张瑞敏：听中国商界的苏格拉底详解人单合一》。

在秦朔看来，他在商业报道中一向非常克制，几乎不用"伟大"来赞誉中国企业和中国企业家……但在和张瑞敏的这次交流后，他给了张瑞敏甚至是超越"伟大"的称呼，他认为自己看到的是"一个伟大的企业思考者和实践者，就像古希腊的苏格拉底"。

苏格拉底的比拟，让许多人不以为然。然而我和秦朔在交流时，隐约明白他为何用这个比拟。首先，他的确被震撼了，虽说他与张瑞敏是老友，但已有多时不见，此次相见交谈，他为张瑞敏的精进所震撼。其次，西方文明的代表之一苏格拉底、东方文明的代表之一孔子、印度文明的代表之一释迦牟尼这三位圣贤，都是述而不作。张瑞敏与其相同。张瑞敏多次表述，自己不会著书立说，吴晓波与秦朔等人在与张瑞敏谈论正欢时，都会忽然就这个问题向他发问，问他什么时候出书。

在诸人看来，这么好的阅历与见识，这样丰富而有效的实践与理论，著书立说，即"立言"定能影响深远。然而张瑞敏的回答都是他不会写，这或许是秦朔以苏格拉底作比的另一个方面。

述而不作这件事，张瑞敏或许还有更深层次的思考。埃德加·斯诺在《西行漫记》中，记载过朱德的一个故事，或许说明了述而不作的另一角度。"正如韦尔斯女士所说，'朱德绝不会写出一部自传，因为他以为自己个人不能离开他的工作而存在。'"是的，我看到的张瑞敏，也不会写一部自传，他也不能离开他的工作而存在。

2018年3月21日，一个署名"子木"，曾与张瑞敏打过交道的青岛市退休的老干部，在自己的微信公众号上发表了一篇题为《海尔生态圈的文明进化轨迹》的文章。这篇文章里表达了一位长期关注张瑞敏的当地党政干部的看法。在他看来，张瑞敏并非首先是一位成功的企业家与创业者，而首先是一位睿智的思想家与践行者。他带领海尔走过的传奇历程，与其说是一部企业的创业发展史，更不如说是一部生态文明的进化史。

子木与张瑞敏见面颇多，认真的交谈不下三四次。他依然清晰地记得1984年年底的一个下午，子木见到了身着米黄色防寒服的张瑞敏与穿绿色羽绒服的杨绵绵。

他们是来找分管工业的常务副市长秦家浩汇报工作的，当时秦家浩调研未归，子木与张瑞敏聊了一阵。子木注意到，张瑞敏最关注的不是企业面临破产这样的险境，而是人心、士气。

管理学大师彼得·德鲁克一生著述颇丰，在这些著作中，有一本书堪称奇妙。那就是他的自传《旁观者》。在这本书中，德鲁克从一个旁观者的角度，讲述了生命中那些有趣的，或者他认为应该写下来的人物。而他本人，则隐藏在这本书的每一个字眼的后面，带着大家，去走过那些年，去走近那些人。述而不作的张瑞敏，或者真要做一个企业史的旁观者。

1.11 疯狂阅读

俄罗斯人显然惊讶了。虽然他们还是一贯的沉闷和寡言少语，但他们脸上不自觉地露出了亮光。这些访客，全部来自俄罗斯联邦储蓄银行。这是一家拥有 175 年历史，33 万员工，占俄罗斯国内银行 1/4 以上资产的巨型跨国公司。2016 年 11 月 29 日，他们一行来到海尔。

"和你们伟大的作家列夫·托尔斯泰说的一样，幸福的家庭都是相似的，不幸的家庭各有各的不幸。"

"我上中学时看契诃夫的小说《套中人》，现在感触很深。许多企业就如同套中人，想的是千万别出乱子；每个员工也成了套中人，没有市场的敏锐感。"

"列宁在'十月革命'中提出面包、土地、和平的口号，一下子抓住了群众的需求。"

这不是在大学的课堂上，也不是在与俄罗斯历史或文学有关的讨论中，这是张瑞敏在与俄罗斯联邦储蓄银行赫尔曼·戈夫一行交流时的谈话内容之一。

在一个多小时的交流中，张瑞敏不像是与来访者交流了他们专程要学习的人单合一管理模式，更像是带着一群俄罗斯人，一起重温了沙俄和苏联时期的经典著作。

赫尔曼·戈夫显然是有备而来，他本人每年看50多本书，他对已知的每周阅读两本书的张瑞敏提出了疑问——"时间从哪儿来？"对管理跨国公司、拥有良好社会地位的企业家们来说，时间是他们共同并且最重要的稀缺品。

"我也不打高尔夫，也没别的事，就看看书。"张瑞敏说。

但其实未必。

在接待赫尔曼·戈夫之前的几天，张瑞敏接受了《经济观察报》的采访，这里透露了更多张瑞敏式的阅读方法。

1949年出生的张瑞敏精力充沛，他没有睡午觉的习惯，数十年如一日。他的阅读方法，与北宋大家欧阳修的"马上，枕上，厕上"之"三上"读书法十分相似，即整合碎片化时间进行有效阅读。据张瑞敏讲，2008年他在中央党校学习期间，是他阅读过程中最美好的一段体验，课后他哪儿都不去，只是在阅读。这种情况下，他的阅读速度要高于平时的一周两本的速度。

张瑞敏的读书和他的管理已经融为一体，在读书要点上，他有自己的"二八法则"。张瑞敏说："我觉得书基本上是二八开，20% 的是非常核心的东西，80% 的是为了描述这个核心进行的解释说明。抓住 20% 的要点，这本书的核心意思就抓住了。"

张瑞敏的阅读，源于早年对知识的饥渴。1966 年的中国，工厂停工，学校停课；1966 年的山东沿海地区，对一个喜欢读书的人来说，只有新华书店可以选择，也只有一些政治思想读物供人阅读。

上帝为你关了一扇门，就必然会为你开一扇窗。张瑞敏的读书故事，恰好和窗有关。

"文化大革命"期间的激进渗透在社会的每一个毛孔里。张瑞敏所在学校的图书馆窗户被砸，喜欢读书的学生就钻进去捡书，张瑞敏捡到的书以小说居多。

50 年后的 2016 年，张瑞敏依旧对当年的这些书记忆深刻：契诃夫短篇小说、莎士比亚作品、巴金和茅盾的著作，还有许多历史方面的书。张瑞敏对范文澜的《中国通史简编》情有独钟，反复研读。

50 年前人们对知识的饥渴感，让张瑞敏保持了对于知识的热爱。2016 年，张瑞敏的书单一如既往地让人惊讶。

在张瑞敏 2016 年公开或者内部的演讲中我们发现，他至少提及了51本书、7本杂志、1份报纸和1篇文章。这里既有《老子》《庄子》《易经》《三国演义》和《六韬》这样的中国古典名著，又有《共产党宣言》《独立宣言》《君主论》《国富论》《圣经》和《新约》这样的西方名著或宗教类读物；此外，还有《触点管理：互联网＋时代的德国人才管理模式》《硅谷生态圈：创新的雨林法则》《第二曲线》《零边际成本社会》和《熵：一种新的世界观》这样的书籍。

我们无法一一罗列张瑞敏2016年读了哪些书，甚至无法分辨哪些是他一直在读的，哪些是他最近刚读的，哪些又是他曾经读过的，现在在演讲中引用的。但可以确定的是，2016年张瑞敏的书单上足有241项，涵盖了纪录片、杂志、书籍等多个类别。这是张瑞敏的阅读习惯。他阅读的许多外文书籍，国内甚至还没有翻译上市。他的这种阅读方式，类似于传统的"手抄本"。

在这241项中，被张瑞敏标红的有188项，这意味着这些书、杂志或纪录片，已经放在了他的案头，进入了他的阅读序列。这其中有《耶路撒冷》《十字军东征》这样的纪录片，也有《工作的终结：打破规则、重新定义金钱、意义和自由》这样的快速编译读物，还有《盐铁论》《尚书》《墨子》这样的传统经典。此外，还不乏诸如《佛教七宝地》《伊斯兰信仰帝国》《天书秘境》《青岛要塞》这样的纪录片，以及《薄伽梵歌论》《哲学的改造》《我的哲学的发展》《宗教与科学》《在通向语言的途中》《康德传》《甘地自传》《海德格尔传》《卢梭传》《哈耶克评传》《彼得大帝传》这样的经典书目……可谓是五花八门，涉及面之广令人咂舌。

在接受《经济观察报》采访时，张瑞敏说，他最近一直在读《老子》。这本他读了不知道多少遍的书，每次读都会有新的收获。"什么叫做经典？常读常新就叫做经典。"这是张瑞敏对经典的定义，在他看过的《老子》的许多版本中，有的解读完全不一样，有的甚至是相悖的，但在他看来，这还是会带来很多启发。张瑞敏说："无为，我个人理解其实就是顺势而为。"

我去过张瑞敏的书房几次。他的书房就是一座小型图书馆，甚至一度因为书太多，还聘请了青岛市图书馆的人来帮他整理，他的书之全，亦令人惊讶。牛津大学教授、量子管理创始人丹娜·左哈尔进入到张瑞敏的书房后，被眼前的一幕惊呆了，因为张瑞敏收录的她的作品，比她自己的都全。在一次交流后，丹娜·左哈尔甚至还从张瑞敏处借走了自己的一本尚未在中国上市的书。

在阅读这件事上，张瑞敏是认真的。每每有专家学者来交流，当张瑞敏拿出了对方的书进行探讨时，作者往往都会惊讶于张瑞敏阅读的仔细与深入。他用不同的笔标注、勾画，甚至用不同颜色的便签贴在上面，以便阅读。2017 年 7 月 21 日，他会见伦敦政治经济学院创新实验室研究员布什，当讨论到激烈处时，甚至拿了纸笔现场推演起来。

中国人读书，总要读出些东西来。当下，社会上炫书的人不少，或在微信朋友圈每日展示所读书目，或在文章中开篇就是某某说，或在酒桌上大谈作者与书名。然真正的读书者，应厚积薄发，有己见闻世。

阅读其实是一件危险的事。

叔本华曾言，阅读只是我们自己思考的代替品。在阅读的时候，我们的思想是被别人牵着走。除此之外，许多书本的唯一用处只在于向我们表明错误的道路竟有如此之多，而我们一旦让自己听从其引导，就会拐入后果不堪设想的迷途；但听从自己守护神的指引，亦即自发、独立、正确思考的人，却是掌握了能够找到正确路向的罗盘。

《奥义书》中亦提供了更为深刻的表达，那些只是从事无知活动（祭祀仪式等）的人，陷入令人目盲的黑暗之中；而那些只是热衷知识（或寻求理论知识）的人，则陷入更深的黑暗之中……

如果没有自己在里面，那读书越多越危险，反而失了自己的本性。这亦是张瑞敏常讲的照着长寿者的菜单生活是一种荒谬的道理一样。独立于世者少之又少，但我们周围不乏这样的人，他的思想是由百分之几的马云言论、百分之几的任正非传闻、百分之几的父母遗传、百分之几的教科书思想、百分之几的亲朋好友思想所组成的，唯独没有他自己。

如果有了自己，那读同样一本书，所得都是自己的；同样一次经历，也都是自己的。

一部二十四史，多少人在反复阅读，然有己见闻世者却并不是很多。一部二十四史，鲁迅读出来两个字"吃人"、柏杨读出来两个字"酱缸"、李宗厚读出来两个字"厚黑"、吴思读出来"潜规则"和"血酬"……姑且不论他们观点是否正确，是主流还是非主流，但有一点是相同的：他们在阅读的时候都有自己。

在中国的企业家里，美团创始人王兴读书，也是出了名的。不知道其他企业家读书的心路历程如何。据我观察，张瑞敏的读书，分了三个步骤，第一步是我注六经，第二步是六经注我，第三步就是我书新经。张瑞敏读书，最后都是要把他人的东西变成自己的，最后都是要有自己的观点在里面。

在张黎导演的《走向共和》里，有这样一个场景，康有为每日拿出一摞书来，一锥子下去，穿透多少，当日必须读完。这不啻为一种疯狂阅读法。张瑞敏大约就是这样的人，每周最少读两本书。他也读二十四史，但更多的是寻求人性与管理之道；读《道德经》，也要读出管理的味道来。如上述读书有得者一样，张瑞敏从所有书本与实践中，读出来的是四个字：人单合一。

那么我们的第二部分，就从"人单合一"开始。

第二章

地球上最强外力

2018 年底，北京新东方学校年会上一首名叫《释放自我》的歌曲走红网络。这首歌从新东方的体系里外溢出来，蔓延到社会上，淌进许多人的心里，从而引发无数共鸣。"干活的干不过做 PPT 的"这样的句子，更是让无数人拍手叫好。

如果把这首歌表达的情绪过滤掉，那么歌曲所表达的意思可以用四个字概括：大企业病。对员工来说，绝大多数员工没有机会真正参与公司的运作，他们在整个管理体系中只是被定义为其中的一环，无论是哪个位置，无论是金色还是铁色，总归是一枚螺丝钉。这种感受不分国界，也和企业性质无关，只与管理模式有关。

在工作中，往往有这样的现象：许多人忙忙碌碌，但却少有意义与激情。员工被奉为公司最重要的人，被给予众多福利与关爱，然而在实际工作中，员工却被定义为一枚螺丝钉，能干什么、不能干什么，怎么干、不能怎么干……事无巨细到有上万条制度与指引在教育、指导着每一个人的行为。科层制固化到每个人只需做好手头的一摊事即可，而做好，就是指引的结果。每个部门都成为一道关卡，在卡着别的部门的同事，也被别的部门卡着。在公司内部，圈子因此而滋生，派系由此而发展，办公室政治越加复杂。一个本应以创新和创造为主题的组织，有了封建官场的万千气象……

在工作中，往往有这样的现象：总裁把活交给副总裁，副总裁把活交给总监，总监把活交给高级经理，高级经理把活交给经理，经理把活交给主管，主管把活交给实习生。实习生的本色成了一家公司的底色……

在工作中，往往有这样的现象：基层员工抱怨钱少活多；中层干部争权夺利，部门间互设关卡；公司高管天天加班，拍着脑袋决策。员工经常在微信圈转发一些号称是马云说的"辞职无非就是俩理由，心委屈了，钱给少了"；高管经常在微信圈转发一些"把一个人活成一个公司，你可能就不会那么迷茫了"的文章；双方相互较劲，隔空喊话，总觉得有问题的是对方，一场场博弈每天上演，互相日复一日地消耗……

在工作中，往往有这样的现象：关注用户只是市场部门的事，甚至用户只是最后一个环节或者是最后才想起来的一件事。因为大家都忙于内部的培训、执行与走流程，忙于内部的抱怨或争斗，有谁对用户负责呢？如果真有人对用户负责，那可能倒成了一个异类。每个人只对上级负责，其他都微不足道。"用户就是上帝"仅仅是一种梦想和口号，并且是一种错误的梦想和口号——上帝是用来信仰的，圣物是用来供奉的，但用户却是有血、有肉、有脾气的，用户需要与公司发生关系，与产品产生感情，用户需要在企业内而非在企业外……

在现有管理模式下，一些貌似光鲜的行业在傲慢中没落，亦如现在的管理模式一般。汽车、航空、星级酒店等看似高大上的行业，正如一袭华丽的袍子上面爬满了虱子；中国航空与中国高铁的差距，已经呈现为时代的差距；汽车销售的僵化与投诉频发，还有那一本正经的电话回访，是那么的理所当然与毫无用处。这些现象的背后，写满傲慢与自以为是，充满发霉与腐朽的味道……

更可悲的是，许多创业企业和中小企业，在还没有大公司的"形"之前，已经有了大公司臃肿无力的神韵。他们希望有从 P1 到 PN 这样的层级管理；有总裁、高级副总裁、副总裁、总监、高级经理等头衔；有跨国企业咨询下的宽带薪酬体系；有"打法""复盘"等充满攻击意味的管理词汇；他们希望进入哈佛的案例库，进入福布斯的财富榜；他们希望自称或被称为中国的苹果、中国的马斯克或中国的乔布斯；他们希望去证券所敲钟，从而高声宣扬股东第一的市场法则……

如果这是企业的意义，那企业的存在就是赤裸裸的退化。许多首席执行官的办公室里都摆着一个体面的"茶皇子"，在这里，他们读着曾国藩修身养性的名句，听着马云对于未来和新方向判断的视频演讲，看着从华为流传出来、任正非签发的那带有狼性文化的文件，间或领略一下王健林或董明珠的霸气外露……唯独忘了常识与人性，少了明辨是非与自我定位。

那些满怀激情的新人进入大企业后，逐渐被塑造成一个废物，一个失去自我的废物。他们学会了"甩锅"、抢功与推诿。问题与我无关，成绩有我一份；你找我帮忙，我永远在忙；我的地盘我做主，无论我干好干不好，与你何干？老板永远是对的是标准打法，朋友圈秀加班是一贯套路……

这些新人的异化，要拜大企业病所赐，他们和他们的前辈，都是"精致的利己主义者"。

"精致的利己主义者"是北京大学中文系教授钱理群首次喊出的。钱理群说："我们的一些大学，包括北京大学，正在培养一些'精致的利己主义者'，他们高智商，世俗，老道，善于表演，懂得配合，更善于利用体制达到自己的目的。这种人一旦掌握权力，比一般的贪官污吏危害更大。"

该概念一经提出，让许多人感同身受。社会对这种人深恶痛绝，并且普遍认为该思想与人群是从教育中产生的。但在我看来，"精致的利己主义者"恰恰是当下的企业管理模式把人变废的一个铁证。"精致的利己主义者"是从企业中生发并造成恶劣影响的。

一种东西要成为思潮，或者成为现象，其背后一定有合理的逻辑和法理依据。

"精致的利己主义者"有其产生的土壤——应用条线管理与科层制管理的企业。

"精致的利己主义者"有其合法的保障——企业的规章制度与企业的内部界限。

"精致的利己主义者"有其合理的结果——根据这种制度与标准考核后的赏罚。

在企业，正是有了条线和指引，有了只对上级负责的行为方式，有了界限与范围，有了这种思维与实践下的考核，才产生了"精致的利己主义者"。更为关键的是，企业是目前社会中数量庞大又特别重要的社会主体。故而"精致的利己主义者"从企业开始，像藤蔓一样，向上、向下、向左、向右传导到社会的各个方面。

制度让他们精致，界限让他们利己，考核让他们合理。企业这个庞大的社会主体，让"精致的利己主义者"成为一种社会普遍现象。

"精致的利己主义者"既是制度下的受害者，同时又是依循这种制度进行反抗的施暴者。企业把他们改造成螺丝钉，他们把企业做成一堵墙。

既然如此，我们不妨一探管理的究竟与源头，看看张瑞敏针对上述大企业病开出的新药方。

2.01 管理之本：人人皆有四性

管理是件时髦的事，同时又是件古老的事；管理是科学亦是艺术；管理是人的学问，更是研究人本身的学问。无论怎么说，要说管理，首先得从人说起。

马克思说，人与动物的最大区别是人会制造和使用工具；达尔文说，人是由猿进化而来的……关于人的许多论述里，都有一个暗含的意思：人的起源和本源都与动物有紧密的联系。许多著作更是上来就比较人与动物的区别，而没有想过要比较人与植物的区别，因为人与动物相似的地方太多了。

但也有例外，在儒、释、道三家的文化中，很少明确提及关于人类起源的说法。诸如儒家"未知生，焉知死"之说。诸如《道德经》"道生一，一生二，二生三，三生万物"之言。诸如佛家光音天之说。但显然，他们都不认为人是从猿进化而来的。

在我看来，人就是人，并不是所谓的由猿进化而来，人就是人本身。

人与动物有许多联系，有许多相关性和相似性，但人并不是动物；但人又和动物是同一物，因为人在地球上，地球在宇宙中，一切物都有同一性。

儒、释、道三家都讲了世间至理，堪称人生终极之言，但在认清世间所有的道理后，儒、释、道给出了不同的道路，分别有不同的侧重：

释家侧重天的道理，即不增不减，不垢不净，不生不灭。

道家侧重地的道理，即阴阳变幻，五行生克。

儒家侧重人的道理，即仁义礼智信，温良恭俭让。

三家同性，但侧重点不同。佛家侧重于教人们直接通天，去认识天道；道家侧重教人们去认识地，顺应地道；儒家侧重教人们去认识人，践行人道。所以三家各自发明创造了与三界相应的规律与方法。这就好比说从北京到上海有多种选择，佛家的路是让人坐飞机，一下子直接到，减少那些不必要的步骤；道家认为飞机还是有点快，一般人接受不了，坐高铁是不错的选择；儒家认为还不如步行去，接地气，还能顺道观赏沿途风景，明白人之所以为人的道理。但他们三家都明白北京到上海之间的距离，只不过选择了不同的工具，去实现同一个目标。

人在人中，人在地中，人在天中。人有自己的特点，有地的特点，也有天的特点；反过来，天影响人，地影响人，人也影响人。

当下，关于空间维度的话题很热，简单地说即一般人只能感觉到三维空间的存在，无法体验四维和更高维度空间的存在，但我们生活在一切维度之中。一般人为何感知不到更高维度的空间？依我看来，那是因为我们使用的工具有局限性。许多人感知这个世界的工具，大抵逃不过佛家所言的六根：眼、耳、鼻、舌、身、意。只用眼、耳、鼻、舌、身、意，却没有用心。心是我们认知这个世界及认知自我的最为重要的器官。佛家所说的禅定的境界，便是另外一个维度的空间，而要达到另外一个维度，就须通过心的修行。

以此为基，我认为人人皆有四性：自然性、人本性、社会性和宇宙性。人人皆有四种状态：天人，人人，智人，圣人、神人、佛。这四性与这四种状态，分别是一一对应的关系（见图1）。

佛家言人人皆具佛性，佛性即宇宙性，具备宇宙性的人亦即具备佛性的人也就是佛；道家言人人皆可修炼成神仙，神仙性亦即宇宙性，具备宇宙性的人也就是神人；同样的道理，儒家言人人皆可成为圣贤，圣贤亦是具有宇宙性的人，具备宇宙性的人也就是圣人。

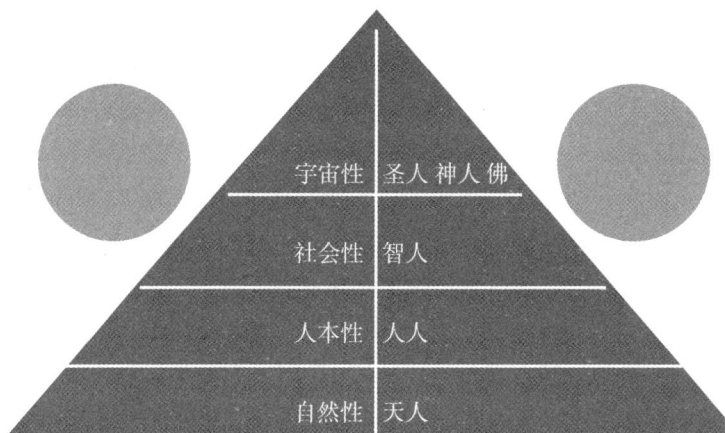

图1 人的四性和四种状态

天人状态的人，具有一切物性，又称自然性，如生死、繁衍。

人人状态的人，具备人的特性，又称人本性，如恻隐之心、羞耻之心、制造并使用工具。

智人状态的人，具备社会性的特征，如管理、艺术、文化。

神人状态的人，具备宇宙性的特征，就是儒、释、道三家所谓的圣人、佛、神人。

这四种状态，同时并且持续地存在于每个人身上，不割裂、不断代、不因每个人的不同而有所差别。只不过因为修炼与机缘的不同，所以人和人之间呈现出一些差距。人们在看待同一个问题时，之所以会得出不同的结论，主要有两方面的原因：首先是其自身的本性打通到哪个层级，其次是把一个问题放到什么层级去看，从一般物的角度、人的角度、地的角度，还是天的角度？层次不同，面对同一物，便会有不同的思考。

思考人的起源，会帮助我们更好地思考管理的问题。因为管理是基于人的一种思想和行为；对人的认知的深度，决定了管理的长度与宽度。

在人类的确定的历史上，有两项必要的事情，一是生产，二是生活。

生产是为了生活，但生活却不是为了生产。

人类的生活方式与生产方式，是同一主体的两种不同思路。

生活方式，突出自由；生产方式，强调规矩。

生活方式，突出个体；生产方式，强调集体。

生活方式，突出精神；生产方式，强调物质。（见图2）。

除了少许的生产即生活外，一般意义上来讲，生产是为了生活。如果细分来看就会发现，规矩是为了自由，集体是为了个体，物质是为了精神。

管理，侧重于人类生产，是人类组织生产的一种手段和方式。

人类生活方式与生产方式比较	
突出自由	突出制度
突出个体	突出集体
突出精神	突出物质

图2　人类的生活方式与生产方式比较

人在人中，人在天中，人亦在地中，那么人就会有地的特点。在地理学上有内力和外力的概念。内力造出大江大河、高低起伏；外力主要是削高填低，把地球抹平。内力有地壳运动，外力有风霜雨雪。照着这个地理学上的基本观点来看的话，管理是一场内力和外力兼有的活动。通过管理，可以有长城与金字塔，可以有三峡大坝，可以有超大规模的战争，可以有前所未闻的发明与创造；通过管理，可以毁灭一切高低起伏；通过管理，也可以造出世界上最为奇特的高与低。但管理又非自然的本身力量，它是人类力量的体现，所以管理堪称这个地球上最强的外力活动。

基于以上的分析，那么这个世界上关于学问的方式，就可以归纳为三种：人以外的学问、人以内的学问、人本身的学问（见图3）。世界上的学问，逃不出这三种模式。

一是人以外的学问，诸如数学、物理、化学、天文、地理等，这都是人以外的学问，不以人的意志为转移，学问研究的

图3　学问的三种模式

这些对象在，它们在一定范围内呈现的规律在，人只能发现这规律，利用这规律。搞这类学问的，多半具有与天对话的潜质，在自我的宇宙性开发方面成果颇丰。

二是人以内的学问，诸如政治、经济、文化、法律等，这都是依附人而存在的，没有人，这些学问也就不存在了。这些学问没有什么规律与定式，几乎全是偶然，没有必然，只不过是偶然的时长有所不同。若是把人类的历史放在地球的年龄里观察，这几千年的文明，也不过是个偶然。搞这类学问的人，大多都是对人性有洞察的，他们会捕捉，善设计，能创造出许多游戏规则来，让人类社会丰富多彩，有时繁荣，有时萧条；有时浪漫，有时恐怖。搞这类学问的人，多半社会性异常发达。

三是人本身的学问，诸如人类学、生理学、心理学等。这类学问的门类最少，但在人类社会中产生震动却最大。因为人类认识了许多天地的道理与人间社会的道理，但关于自己却知道得不多，这就是达尔文的进化论与弗洛伊德的精神分析一经提出，便引起巨大震动的原因。

正因为人，这三者便形成了相互融合的关系。而管理，便是人以内的学问。

2.02 管理起源：跟着牛顿走过300年

管理是人类组织生产的一种方式和手段。

管理是人以内的学问。

管理是地球上最强的外力。管理是社会科学的一种。

尽管它历史悠久，层次不一，意义不同，但我们目前称之为管理的东西也仅百余年历史。狭义上的管理是从弗雷德里克·温斯洛·泰勒这个美国人开始的，从他提出"科学管理"开始，管理——这个地球上最强的外力，有了自己的地位。在此后的一百多年里，管理越来越热，逐渐成为一门显学，泰勒也被尊称为"科学管理之父"。泰勒背后的管理依据与管理的底层思维，脱胎于物理，来自于艾萨克·牛顿，来自于以原子论为依据的牛顿，来自于创造三大定律的牛顿。

牛顿在天文、数学、光学、炼金术等领域都取得了非凡成就，这些学科看似差异颇大，然而其背后都有一个共同点——都以原子论为基础。原子论由古希腊哲学家德谟克利特于公元前三四百年提出，因为原子论渗透了牛顿所涉及的每一个领域，加之牛顿的历史地位，故而原子论对整个世界科学发展的深刻影响长达数百年之久。

在以原子论为哲学背景的基础上，牛顿用三大定律对这个世界做出了解读。第一定律说明了力的含义：力是改变物体运动状态的原因；第二定律指出了力的作用效果：力使物体获得加速度；第三定律揭示出力的本质：力是物体间的相互作用。牛顿三大定律不仅对物理产生了特别重大的影响，而且影响了物理学之外的许多学科。

"量子管理学"奠基人、牛津大学教授丹娜·左哈尔在一次演讲中，就此问题进行了详细阐述：

"西方所有的思想家和哲学家，无一不受牛顿的影响。他们都想复制牛顿的做法，从自身的领域去认识世界、改造世界。尤其是牛顿三大定律的简约美，激发了许多人的想象力和创造力。弗洛伊德的心理学，洛克和约翰·斯图尔特·密尔的政治观点，密尔和亚当·斯密的资本主义哲学，奥古斯特·孔德的社会学，泰勒的科学管理思维以及逻辑实证主义，这些都建立在牛顿理论思维体系之上。"

但是原子论在 20 世纪开始的时候受到了挑战，挑战是从物理学开始的。进入新世纪后，科学家发现牛顿所说的原子并不是他当年描述的那个模样。对牛顿来说，原子是宇宙最小的组成部分，是不可再分的，没有任何东西比原子小。但当居里夫人发现 X 光——这一来自原子的光线时，旧有理论却无法解释这一光线。之后几年，科学家又发现原子其实可以释放更小的粒子，原子内部有一个完整的世界。

在左哈尔看来，牛顿当年的世界，是一个非常简单的世界，着重控制的世界。今天的世界跟牛顿当年的世界很不一样。如今的世界有非常多的不确定性与复杂性，而且全球各地都是被紧密联结在一起的。所以，今天的人们必须忘记过去所有的管理理论。我们需要一个新的管理模式，因为我们已经进入了量子时代。

21 世纪使用的许多科技都基于量子科学。芯片没有量子物理学是不可能运转的，而另一项我们熟知的激光技术也是量子科技的应用。超导、超级液体、晶体管都是量子技术的产物。我们已经生活在量子的时代，准确地说，我们生活在一个量子开始逐步应用的时代。

量子论挑战了原子论，那么依据原子论建立起来的管理模式，也应该被挑战。

正如黑格尔所言，熟知并非真知。世界变了，管理也得跟着变。抛弃三四百年的熟知，走向顺应时代的真知，惯性与固有的心理是一种极大的阻碍。

为此，我们必须从管理百年中，寻找历史，梳理变革的脉络，以便让这场变革来得并不那么突然，也易于被接受。

我之所以反复地引用与强调管理背后的逻辑，就是想说明一点，我们的时代已经发生了巨变，我们的认知在不断扩展、不断变化，所以管理的变化是一种自然而然的事情。特别是管理这种人以内的学问，没有什么不变的法则与颠扑不灭的真理。适应时代的，那就是有用的。

2.03 管理百年：从经济人到自主人

我们要通往量子时代的管理，就得了解过去的原子管理。我们要了解人单合一的管理，就要看看科学管理的传承。英国人斯图尔特·克雷纳的《管理百年》被众人称颂，在书中，他绘声绘色地讲述了管理的百年历史，并且详尽地罗列了管理史上的关键人物。长期以来，西方主导这个世界，特别是思想与文化领域，我们从此书中读到的就是这样一种视角。但我们无须知道得这么详尽，在对书中的人物表达敬意的同时，也要用审慎的态度来看待那些人物与思想。

美国哈佛大学的一位教授就是书中管理百年史上的一个人物，她不仅是教授，更是许多畅销书的作者。然而 2017 年，我与她有过短暂的交流后，发现她代表的那个时代与那些人物，虽然声名依旧，功力非凡，但如同整个西方一样，姿态傲慢并不可避免地将要衰败下去。

有一篇名为《管理理论与思想的世纪回眸》的文章，对管理百年进行了一个简单梳理。它将管理百年分成五个阶段：一是古典管理理论的形成（20 世纪初到 30 年代）；二是行为科学理论及管理理论丛林的发展（20 世纪 30 年代到 60 年代）；三是以战略管理为主的企业组织理论的发展（20 世纪 60 年代中后期到 80 年代初）；四是企业再造理论（20 世纪 80 年代到 90 年代初）；五是全球化和知识经济时代的组织管理理论（20 世纪 90 年代以后）[①]。

这篇文章从一般意义上厘清了 21 世纪之前的管理世界。关于管理百年，大体如此，无论何人何论，都没有过大的差异。但具体的时间节点、代表人物、管理问题、解决方案与管理贡献等，每位研究者的结论却不尽相同。

按照本书的逻辑关系，我们将从人的角度、管理理论的角度以及管理实践的角度，简略地总结一下管理百年。简言之，几乎所有的管理理论都是从人性假设开始的，然后形成管理理论。一种管理理论被某企业实践并取得巨大成功，再形成普遍应用，在许多国家许多企业中推广开来，继而在实践中被优化，从而产生新的指导。这一圈下来，便形成了一个完整的闭环。百年来，就人的角度、管理理论的角度和管理实践的角度三个方面，都分别有完整的假设、理论与实践。

第一个阶段，假设人是经济人，产生了科学管理理论，最佳实践是伯利恒钢铁公司和福特汽车公司，代表人物是泰勒和福特，时间约在 1900 年至 1960 年。

第二个阶段，假设人是社会人，产生了精益管理理论，最佳实践是丰田汽车公司，代表人物是梅奥、戴明和丰田章男，

---

① 王克敏《管理理论与思想的世纪回眸》，《吉林大学社会科学学报》2000 年 7 月第四期。

时间约在 1960 年至 2000 年。此阶段并未抛弃经济人的假设，许多理论是经济人与社会人假设并用，然而该阶段主导的人性假设，是社会人假设。

第三个阶段是正在到来的阶段，来自张瑞敏的理论，假设人是自主人，产生了人单合一管理理论，最先实践的企业是海尔集团，时间约从 2005 年到现在。

第一、第二阶段是原子物理影响下的以控制论为主的管理阶段，第三阶段是量子物理影响下的以系统论为主的管理阶段；第一、第二阶段是西方文化影响下的管理与实践，第三阶段是中国文化影响下的即将和正在开启的管理与实践。

以管理学中的人性假设来看，中国文化中关于人的深刻认识影响了第三个阶段的管理理论。

在西方文化中，人多是以附庸的形式存在。在文艺复兴之前，人是神的附庸；在经济人假设下，人是机器的附庸；在社会人假设下，人是组织的附庸。然而在中国文化中，人从来都是人自己，不是谁的附庸，中国文化讲究的是天人合一，中医讲究的是辨证施治，讲究把人当作一个整体来治疗，而且治疗要根据天地的运行规律进行。

更进一步地来讲，在经济人假设下，人类的组织方式和主要场景由家庭式小作坊变成工厂，工厂的生产方式以流水线为主，人成了机器的延伸。因此人实现了部分财富，但同时也失去了自由和尊严，成了一颗螺丝钉。

在社会人假设下，人类的组织方式和主要场景由工厂变成企业，企业的生产方式以团队协作为主，组织方式是一种正金字塔形的科层制，人在企业中得到关爱和尊重。但企业慢慢变成一个帝国，部门之间相互隔绝，企业与用户脱节，人成了组织的附庸。

在自主人假设下，人类的组织方式和主要场景由企业变成平台与生态，组织关系由正金字塔变为倒金字塔，由科层制变为节点化，部门之间由串联变为并联。人在平台上可以自创业、自组织、自驱动。所有人都面对用户，员工与平台的关系变成资源提供与使用的关系，变成目标对赌与设定的关系。人充满动力，组织释放了活力。

前一百年的管理取得了巨大的成功，然而经典能否被超越？过去的巨大成功是否将会被取代？

既然上一个百年的管理从物理而来，那还是让我们看看物理的例子。

17世纪的牛顿横空出世，一举奠定了经典物理学的基础，此后几百年间，物理学家们都在此基础上进行作业。在19世纪中后期，经典物理学的大厦已基本竣工，物理学家能做的，顶多是扫扫这座辉煌的物理殿堂的灰尘罢了，再也不会有什么重大理论被提出了。管理也一样。泰勒、法约尔以及韦伯奠定了这百年来的管理基石，后续的许多学者与实践者也只是在这基石上进行作业，并没有什么革命性的理论被提出了。

　　然而，就在大家认为只能为经典物理学的殿堂清扫灰尘的时候，经典物理学的上空飘来"两朵乌云"。这"两朵乌云"成了 20 世纪物理学革命的导火线。不久，就从第一朵乌云中产生了相对论，从第二朵乌云中诞生了量子论，经典物理学的大厦被彻底动摇。

　　管理也一样。

　　管理学第一阶段的乌云，就是劳资关系的紧张与冲突，这让科学管理之父泰勒颇为伤心，因为他想要的是双赢，但没有实现。管理学第二阶段的乌云，就是大企业病的出现与恶化。

　　管理的第三阶段，正是对第二阶段病症的医治，是对西方视角人性假设的颠覆，也是中国及中国文化崛起的一个显影。

2.04 管理未来：互联网和中国同时来了

　　按照本书的逻辑，之所及要谈及管理模式的变革，是因为时代变了，所以管理模式就得变了。天变了，地就跟着变，地变了，人就跟着变，天、地、人之变，就是时代之变。

　　这次的时代之变，就是互联网时代与中国的时代同时来了。

　　互联网的到来，对这个世界的影响与改变是如此迅猛与强烈。它改造了工业、改造了商业、改造了交通、改造了金融、改造了技术……几乎改造了我们生活的方方面面。对此，许多人感同身受。然而，这仅仅是互联网技术对于整个社会的改造。

互联网技术之外互联网思维也对整个社会进行着改造。技术是一条明线，可见、可感、可触摸；思维是一条暗线，不易被察觉，却影响巨大。

从能源这个角度来讲，两次工业革命的明暗线分别如下：第一次工业革命的推动力看似是蒸汽机，实则是煤炭；第二次工业革命的推动力看似是电力，实则是石油。

如果从管理上来讲，两次工业革命的明暗线就是这样的：第一次我们看到的是蒸汽机的轰鸣，实则是流水线管理的应用；第二次我们看到的是机器的强大与发明的不可思议，实则是精益管理的应用。

这种改变生产方式、组织结构和资源配置的作用，才是特别重大的作用。互联网的出现，使得百余年的传统经典管理理论不再适用。互联网思维的暗线带来的颠覆，还未完全显现。德鲁克曾说："互联网本身的贡献不会太大，但是它带来的变化不可估量。就像是铁路，铁路本身贡献不大，但因铁路的存在使整个经济体发生的变化是不可思议的。"这即是明暗线作用的不同。

德鲁克认为互联网的作用主要体现在一个方面，那就是"互联网消除了距离，这是它最大的影响"。张瑞敏与德鲁克有许多共识。张瑞敏是中国内地很早接触德鲁克思想的人，在很大程度上，他也是德鲁克许多观点的信奉者，他认为互联网的核心就是"零距离，去中心化，去中介化"。

在这种判断下，张瑞敏将企业分为两类，一类是互联网技术型企业，另一类是互联网管理型企业。互联网管理型企业，就需要有互联网思维的管理模式，于是人单合一应运而生。

除了互联网时代这个大势，还有另外一个大势，二者合起来构成了必要条件，让这次变革能在中国首先发生，并且能让中国在未来的一段时间里，引领世界的方向。这个大势就是中国的时代来了。

属于中国的时代来了，这不仅仅与当下中国的发展有关，更与中国的文化密不可分。

西方文化是二元论，中国文化是系统论；西方文化重视神，中国文化重视人；西方文化强调控制，中国文化讲究系统……从这些中西方文化的差异中可见，显然是中国文化更适应和符合互联网时代的特点。

同时，互联网时代也为中国企业提供了新的机遇。过去中国企业没有自己的管理思想和管理模式，只能借鉴和模仿发达国家企业的管理模式。例如，改革开放初期，几乎所有的企业都以日本的全面质量管理为学习榜样，再后来又学美国的六西格玛。但目前真正的互联网时代的管理理论还没有诞生，互联网给全球企业出了一道共同的难题，但也为全球企业提供了同样的机遇。这次，无论先发还是后发的企业，无论什么类型的企业，无论哪个国家的企业，无论它的历史是长还是短，都站在了同一条起跑线上。

虽然互联网与中国的时代同时到来了，但这中间有个必不可少的环节，那就是自信。

如果没有自信，在这样的时代面前定会迷失与迷茫。这自信，就是找到自己，定准自己的位。当前中国妄自菲薄的思想一直游荡在社会的各个阶层。

2.05 管理心法：我们中国人是可以的

如果在非党报、党刊的文字里提及"中国崛起"，大多会被认为在逢迎；如果在非政治学的学术文章中出现"中国崛起"，大多会被认为是伪专业。然而当下的管理与"中国崛起"，当下的管理学与"四个自信"确实有着密切的关系。

在党的"十八大"之前，在官方和民间的舆论与话语中，"国际"这个词里是不包含中国的，因为我们是要和"国际"接轨的，因为"国际社会"是这么认为的……在管理百年中，无论是理论还是实践，都没有中国，甚至鲜有西方及日本以外的国家和思想。这些都是西方诸国的国运作用在管理方面的表现。现在，时间到了，中国管理学者该登场了，中国管理思想该亮相了，中国管理模式该引领了。

中国工程院院士郭重庆在一篇名为《中国管理学者该登场了》的文章中，表明了中国管理学者的观点，那就是中国管理要"接着讲"。中国管理科学已经经过了学习借鉴和模仿的阶段，必须进行本土化，应该像冯友兰对中国哲学发展思路的认识一样，从"照着讲"转到"接着讲"。要接着讲，首先要从思想观念上着手。

世界历史，特别是中国历史上，许多伟大的变革都是先解决思想观念的问题。

中国历史上最为成功的改革之一——商鞅变法，首先讨论的是要不要变法的问题。

秦国统一天下后，首先讨论的是封建还是郡县的问题。

汉朝建立后，首先讨论的是有为还是无为的问题。

东汉末年曹操起步时，首先解决的是任人唯才还是任人唯贤的问题。

邓小平改革开放的时候，首先解决的是姓"资"还是姓"社"的问题。

我们现在要研究的是中国管理登场的问题，所以首先要解决的是中国行不行的问题。

中国行不行，包括中国国家行不行、中国文化行不行、中国模式行不行、中国人行不行等问题。先不用我们来回答这个问题，先让中国以外的人来回答这个问题，而且不是在当下，是在 40 年之前。

1974 年，东、西方两位思想家进行了一场大讨论。西方思想家是被誉为"近世以来最伟大的历史学家"的阿诺尔德·约瑟夫·汤因比，东方思想家是被誉为日本"20 世纪最有影响力的思想家"的池田大作。汤因比认为，惯于暴力征伐的西方世界无法引领人类未来的文明，21世纪将是中国人的世纪，中国文化是人类走向全球一体化、文化多元化的凝聚力和融合剂。

汤比因的这番言论可谓振聋发聩。因为这对当时的许多人来说是不可思议的，这种预言和认识，是需要传导过程的。

西方学者汤因比用以上观点回答了中国行不行、中国文化行不行、中国模式行不行、中国人行不行这几个重要问题。而现在，"中华民族伟大复兴"与"四个自信"也同样回答了以上问题。

虽然如此，但这条自我认知的路却并不平坦，要取得全面共识，亦需要时间，因为这与历史有很大的关系。

抛开清末以来的种种现实，以及新文化运动不说，单就当下，我们目前的社会，是四〇后到七〇后，包括部分八〇后在各行各业占主导地位的社会。这些年龄段的人，许多人第一次睁眼看世界，或者第一次擦亮耳朵听世界，看到、听到的是一个个发达、充满活力、事事让人羡慕的资本主义国家；而反观我们，却是相对落后的社会主义国家。许多第一批走出国门的人，当年被震撼到整夜整夜睡不着觉。这种第一眼与第一耳，这种多年的强刺激，已经让他们无法对自身保持自信，无法不在各个方面对西方产生崇拜心理。无论是科技还是艺术，无论是文化还是管理，甚至于饮食与医疗方面，他们都无条件地否定中国的传统与当下，无条件地相信西方的一切。

同时，在管理上，我们应用的分析工具、理论框架，以及最后的成果发表等检测结果，都是西方主导与建立的。

但西方并不能代表世界，更不能代表未来。

复旦大学教授苏勇对此进行了剖析。他认为当今中国的管理学研究，很大程度上仍然停留在对西方管理学理论的诠释性、注解性研究层面，亦步亦趋，依样画葫芦。西方学者提出一个新概念，中国学者便一拥而上，不厌其烦地反复阐述，最多也就是做一些西方管理学理论在中国情境下的描述与分析，鲜有自己的理论创新。

甚至有人指出，当今中国的管理学研究，是"运用美国人发明的理论，研究美国人感兴趣的问题，使用美国人的语言，写出符合美国人评价标准的论文，在美国杂志上发表"。此话虽略有夸张，却不无道理。在管理实践层面，中国的企业与中国的企业家虽然已经今非昔比，但他们所用的管理理论却都来自西方，在整个管理改革中，都逃脱不了美国或日本的影响。

正如郭重庆在上文所说，中国管理科学研究面临的挑战之一是："我们是有史以来获得信息最多的一代人，但信息并没有有效地转化成思想和知识，我们淹没在海量的信息中，沉浸在无序、混杂的噪声中，沉溺于科学计算，而疏于海量数据挖掘的信息服务……"

除了海量的难以辨别营养与否的信息外，还有人编造出来一些广为流传的故事，一些完全有害的言论，以此来打击国人所拥有的自信。

例如"日本从不生产一次性筷子，完全依赖进口，96% 的日本一次性筷子来自中国。而且日本人还注意一次性筷子的回收，回收后制成纸浆，再出口到纸浆紧张的中国"这样的谣言。

仅就日本与中国之间，流传甚广的谣言就不止这一件。多年来，无数中国与外国对比、中国不如外国的谣言在此起彼伏，久而久之，谣言就成了真理，中国人就一直抬不起头来。一个谣言倒下，接着有另外一个谣言起来。有的谣言甚至经久不破，如每到雨季，德国人修的青岛下水道的事就被翻出来；每当我国游客在他国遭遇不公，美国护照走遍全球无人敢欺的谣言就出来了。这些谣言一年四季，轮流出场，充斥了整个社会。所以在中国自信树立的过程中，识别谣言，有的时候竟成了头等大事。

见过不等于见识，知识不等于智慧。

只有智慧才可以辨别真伪，驾驭知识。正如鲍鹏山教授所说："我们说孔子之所以比我们高明，绝不是因为他的知识比我们多。今天我们随便找一个成绩稍微好一点的初中毕业生，他的知识总量都会超过孔子。你相不相信，我们今天的初中毕业生有很多的知识孔子根本不知道，但是你能说今天的初中毕业生比孔子还厉害吗？比孔子素质高吗？所以说一个人的境界不在于知识的多少，而是判断力的强弱。"

判断力，就是智慧之一。在自信地进行中国管理研究的时候，我们需要判断力。

常识与习惯的力量是可怕的，所以我们要用新时代的智慧去破执。

我们要破的执实在是太多了。例如，破企业本质的执，企业存在的目标就是追求股东利益最大化吗？还要破生产决定消费，还是消费决定生产的执。

其实这些在中国文化中，就不称之为问题，在中国文化中，生产决定消费，消费也决定生产，因为要看其他变量，要看天、看地、看时代。

破执需要时机与智慧，目前时机已到，只等有识之士起而破之。

在这方面，不得不佩服那些四性贯通的人。国际数学大师陈省身与国际物理学大师杨振宁，曾不约而同地讲到一个问题，即他们经常被人问到自己对于中国的贡献问题。他们的回答也是出奇地一致。他们觉得自己个人最大的贡献不是其他，而是通过自身，证明中国人是可以的。

在开放的体系里，自信就是自强；在封闭的体系里，自信就是自负。用张瑞敏的这"四自理论"来解读当下，中国管理便不会走向自大与封闭。

除此之外，目前正在发生的现实，也在逐渐消解西方的神话。一些西方的知名学者，也在反思自己当年创下的经典，反思当下的管理。克莱顿·克里斯坦森的"颠覆式创新"、迈克尔·波特的"五力模型"，W. 钱·金的"蓝海战略"都已被作者本人进行了修正和补充。

2.06 管理智者：那些叛逆者已经登场了

这个世界是个有趣的世界，和中医讲究药引子一样，许多事都有引子。

《水浒传》有洪太尉这个引子。

《红楼梦》有女娲补天这个引子。

第一次世界大战有斐迪南大公夫妇被刺这个引子。

……

管理的又一次革命在酝酿，在准备，在冒头，现在缺的是一个引子。

引子虽未成形，却已经有一些蛛丝马迹了。

正如荷兰的几个青年创办的叛逆者网站一样，他们就是管理变革在荷兰的引子。

这些叛逆者，断非寻章摘句之辈，也可能不是饱学之士，亦非一般意义上的大家与名人，现在要上场的，应该是一群智者。

除了张瑞敏，汉能集团创始人李河君、金蝶集团创始人徐少春等企业家以及复旦大学教授苏勇等学者，都从中国的角度去解读这个世界，有意识或者无意识地从"四个自信"的角度，来说明中国管理即将迎来原创的时代。

李河君在其著作《中国领先一把：第三次工业革命在中国》中，用严密的逻辑进行了推论。像李河君一样，许多企业家都可以在中华民族伟大复兴的道路上，用自己的实践和思考来书写自己的篇章。

除了中国的企业家和学者们，外国的企业家和学者们也在尝试着打破百年前的管理界限，发明出新的理论与办法来。在颠覆与顺应时代潮流这条路上，中国的学者和企业家们并不孤单。

除了上述的丹娜·左哈尔教授，挪威国家石油副总裁、《实施超越预算》作者比亚特·伯格斯尼思是另外一位叛逆者：

● 如果在今天仍在用 100 年前的技术制造汽车，你一定会觉得不可思议。既然这样，那么你为什么能接受在今天仍用 100 年前的管理模式来管理企业呢？

● 对很多员工来说，他们经历的是一个"弱智化"的趋势。因为他们发现越来越多奇怪的、离现实越来越远的决策发生在他们眼前。

● 我不相信绩效真的可以管理。

● 管理者把预算视为他们应有的权利，没有人因为支出预算被解雇。花费太多，当然不是好事，但花费太少也不是好事。如果你想保护明年的预算，你就会尽量把今年的预算花完。但财务部很高兴，高管们很高兴，董事会也很高兴，因为每个人都达到了准确的预算！我们的控制机制多么奇妙！

以上是他的观点。正如本章开头所述的那几个新东方的员工一样，对旧时代的叛逆者越来越多，在通往未来的路上，他们已经登场了。张瑞敏就是其中一位，人单合一就是其中一个。

除了管理学，在经济学方面，中国的学者们和其他国家的一些叛逆者，也在建立新的理论框架与逻辑体系。《中国的官办经济》的作者陈经，就从多个方面，用中国的思维与逻辑提出了自己的理论，解读了当前中国的经济现象。同时，他放弃了国际上广为遵从的"刘易斯拐点"理论，根据中国的实践，提出了"民工拐点"理论。

这些叛逆者，来自世界的每一个角落，他们不分肤色、不分种族、不分国别。

孟加拉国经济学家、孟加拉乡村银行创始人穆罕默德·尤努斯就挑战了经济人的假设。他认为，所有人都是生而为企业家，拥有无限的创造力。

虽然我们罗列了许多人的探索与叛逆，也讲了很多道理，但人们往往相信眼睛看到的，往往沉迷于案例与成功的经验，往往要拿结果说话。"德国制造"就是一个叛逆者、自强自信者的经典案例。

"德国制造"这四个字，从一种耻辱的代表成为一种荣誉的代表，从一种低劣产品的代表，成为一种工匠精神的代表。

这就是明证。制造如此，管理也一样。

2.07 管理之初，再抛弃一个熟知

在开始系统讲述人单合一模式之前，除了回答人的起源问题、管理的起源问题、人性假设问题，还有一个特别重要的问题，即企业存在的目的问题，一般的管理学语言将之描述为"公司治理模式"。

全球的公司治理模式简要分为两类：股东利益最大化模式和相关利益者治理模式。尽管股东利益最大化这一模式正在受到挑战，相关利益者治理模式正在尝试，但股东利益最大化仍然是许多企业奉为圭臬的法则，并且是长期以来的唯一法则。

张瑞敏曾提出一个著名的"硅谷悖论"，并借此向"股东第一"的价值取向发起挑战。

张瑞敏认为，硅谷在世界上以创新闻名，出现了许许多多的创新公司，但这些公司一旦做大、上市，就会堕落到传统企业的路子上去。创业公司成为大公司后，组织上依旧会使用金字塔式的科层制，无论扁平与否；企业再次变成一架机器，每一个原来的创新者，都变成一枚螺丝钉，按部就班地发挥自己的作用，失去了激情，远离了市场，背离了创新。这与创业公司当初的模样相去甚远。而这一切都是股东第一法则所致——每个曾经活力四射的少年企业，似乎都逃不过"中年油腻"的

命运。

股东第一的法则背后，是产权关系的逻辑。而产权关系的逻辑背后，是这样一种思维模式：人是世间万物的主宰，高于并优于其他生物与非生物；人通过自己的聪明才智获得土地、房屋、设备等各种资产，这种资产来源正当，合理合法，神圣不可侵犯。作为资产之一的企业，产权十分明晰，同样神圣不可侵犯。企业之目的，就是为了个人利益最大化；企业之存在，就是投资者第一。

以上思维模式背后有其合理的逻辑支撑。如果个人的财产可以被侵犯，则人人朝不保夕，社会秩序无法构建；如果知识产权可以被侵犯，那谁还去创新，整个社会如何发展？这样的思考与发问，是理直气壮并且逻辑严谨的，但这其实只是一种思维，而非人类思维的全部；这仅仅是世界上流行的一种观点而已，并不是这世间关于企业的全部观点；这仅仅是一种认识下的逻辑推理与实践，并非全部的认识与实践。

在佛家的思维里，一切众生之类皆是一样，无论卵生、胎生、湿生、化生、有色、无色、有想、无想、非有想、非无想。总之，人与其他万物一样。

在道家的思维里，人是自然的一部分，天人合一。人的所有，是自然的赋予；人之所得，是从自然中所得。并不存在某物属于某人，某人只是暂时拥有某物的使用权而已。这种思维下，作为企业存在的目的亦应是天人合一，社会与个人合一，而不应是股东第一。

西方的企业管理思想与西方文化一脉相承。西方文化讲的是人对自然的征服，所以科学发达。科学讲究的是逻辑与实证，科学就是要让大多数人能够看得懂，用得着，不因个人的消亡而消失，可以传承与发展。西方这种人与自然的关系，推导出人与人的关系，那就是民主。民主是大多数人的权利，多数人同意了就可以了。然而中国文化讲的是人和自然的和谐一体，讲的是顿悟的关系，讲的是巧夺天工与师徒传承，不求普及，所以往往人亡道衰。但我们不因此而否定西方的好，也不因此而否认中国文化的优。

如果在企业管理上，我们能先对企业的归属问题进行讨论，并得出几种不同的思路，不再坚持股东第一的思维，那许多事情就好办了。实践也证明，并非有恒产者必有恒心，并非产权私有才可以产生高效率。

产权观念是一个有限的游戏，是要论输赢的。超越股东第一的产权观念，就能进入一种无限的游戏，就是无边界游戏。这是有限与无限的认知问题。

我们应该多研究中国的问题，多贡献中国的智慧与思维。然而目之所及，许多讨论企业目的的文章，几乎全是从西方思想出发来探讨产权观念，而鲜有对中国产权问题的历史研究，也很少产出中国自己的理论，解决中国及世界的问题。

我有一个企业家朋友，他根据自己的亲身经历说过这样的话：刚开始做企业的时候，挣的钱是自己的；再大点，挣的钱是亲戚朋友的；再大点，挣的钱就是员工的；再往后，挣的钱就是整个社会的。这不能不说是一种灼见，也不能不说是一种有益的思维模式。

"奇怪的动物会被保护起来，奇怪的人却遭受排挤。"日本作家伊坂幸太郎的这句话，确是经典之论。套用他的话来说，思想也一样，与其他论调不一样的思想，就是一种奇怪的思想，奇怪的思想会受到攻击。我们不妨把这些之前闻所未闻的观点当作一种奇怪的动物吧，至少不要排斥它。

2.08 人单合一不是阿米巴

在讨论人单合一之前，我们还需进行一个区分。对人单合一有过研究的人，经常会拿稻盛和夫的阿米巴模式与人单合一的小微化组织进行比较。那么二者究竟有什么区别呢？厘清二者的关系，又有什么意义呢？

在日本，有四个人被称为经营之神。他们分别是松下公司的松下幸之助，本田公司的本田宗一郎，索尼公司的盛田昭夫以及京瓷公司的稻盛和夫。如今，只有稻盛和夫仍然健在。阿米巴就是由稻盛和夫所创的一种新型管理模式。

作为中、日两国知名的企业家，张瑞敏与稻盛和夫曾经有过两次交流，并就管理的未来与现状进行过讨论。然而张瑞敏明确说过，人单合一不是阿米巴。

在一次公开场合，张瑞敏明确回答了小微化与阿米巴之间的区别。

张瑞敏曾到过稻盛和夫的公司观察阿米巴模式的实践。他认为阿米巴模式是一种对传统管理模式的改良而非改革。原因有二：

一是阿米巴模式并没有让员工和市场接触，员工还是听上司的指令，因此阿米巴不过是一种现场改进，而不是创造市场。

二是阿米巴模式下，员工如果创造了价值，公司却并不给员工相应的物质激励。稻盛和夫知道这一点，但他更希望员工不是从物质方面，而是从精神方面得到更多的激励。但张瑞敏认为，在市场经济下纯粹的精神激励很难有好的效果。

在张瑞敏看来，日本企业的产品质量并没有下降，但许多企业却破产的破产、出售的出售、亏损的亏损，就是因为它们和市场离得太远。"我们兼并了日本的三洋白色家电之后，就发现一个问题，三洋白色家电亏损了8年，我们问他们，谁应该为亏损负责？他们说谁都没有责任。"张瑞敏说，"现在有许多人总问阿米巴这个问题，其实你可以从更高的维度去看。全世界都在学丰田模式的时候，我就想知道德鲁克对丰田是什么态度。后来我翻遍了德鲁克的著作，只看到他在有一段文字里说日本这个模式不行，当全世界都在学丰田的时候他说不行。为什么呢？因为这个模式没有给人以尊严和平等的机会。我觉得这就是问题的本质。所以说今天很多日本企业，他们的产品还是很好，要不然中国人也不会去买他们的马桶盖；但是企业是不行的，企业的竞争力不行。所以我觉得任何时候机制都是第一位的。"

结合我们对这两种管理模式的理解，我认为可以将人单合一模式和阿米巴模式的区别概括如下：

管理上——阿米巴听上司的，人单合一听用户的。

操作上——阿米巴是一种现场改进，人单合一是创造市场。

激励上——阿米巴更注重精神激励，人单合一更注重超利分享。

组织上——阿米巴是金字塔科层制组织，人单合一是倒金字塔组织。

确如张瑞敏所言，作为世界闻名的企业家，稻盛和夫把企业管理上升到了"道"的层面。

在我看来，稻盛和夫与张瑞敏管理思想有着异曲同工之妙，那就是启发人、改造人，让每个人都走到精进的道上来。用德鲁克的话来说，就是实现人人都是自己的CEO这个目标。

如果用本章开篇所述的思想体系来解读这两位管理大家，那么稻盛和夫是走了佛家的路子，教人直接通天，剩下的事就自然而然了；张瑞敏是用了道家的办法，走了儒家的路子，是教人在人的世界里不断修行，勇猛精进。这正如前文谈到的两人在激励问题上的各有侧重——稻盛和夫注重精神，而张瑞敏不轻视物质。

2.09 人单合一的传奇故事

人单合一模式，创造于张瑞敏，最早从海尔集团开始实践。

人单合一为解决大企业病而生，以实现"人人都是自己的CEO"为目标，驱动每个个体，走到"自创业，自组织，自驱动"的路上来。

人单合一模式从战略、组织、薪酬、流程、技术、企业目的、企业形态等多方面对传统管理进行了颠覆。企业形态上，企业变为平台与生态圈；组织上，变正金字塔的科层制为倒金字塔的网络化和节点化；企业目的上，变股东第一为人的价值第一；薪酬上，变宽带薪酬、岗位工资、计件工资等为用户付薪与创客所有制；财务上，变传统的资产负债表、现金流量表和利润表为共赢增值表。如下表所示。

人单合一与传统管理比较

人单合一与传统管理比较		
类别	传统管理模式	人单合一模式
战略	制造产品	创造创客
目标	层层分解——层层承接	抢单——引领——动态优化
组织	定编、定岗、定人	开放竞单、自创业、自组织、自驱动、按单聚散
资源	按目标审批，然后配置	抢资源：路演——募资——自挣自花
流程	串联式一环一环进行	围绕用户价值，全流程节点并联

续表

人单合一与传统管理比较		
预算	事后算账，算预算和实际的差额	事前算赢，算目标和机会的差距
绩效	股东利益最大化	生态利益攸关方利益最大化
薪酬	KPI	用户付薪

人单合一，让员工与用户连接起来；人单合一，让用户成为平台与生态圈的一部分，而且用户将出现在每一个环节；人单合一，就是用户思维的落地与实践，是用户最终站在前台的关键一招。

如前言所述，我将本书分为张瑞敏、人单合一与海尔三部分，就是为了让人单合一与海尔分得再开些，以期让一个理论不被实践所扰，当它作为一个单纯的理论的时候，或许更加清晰与明了。在一般意义上，我们都希望有一位"领路人"，但在这里，我更愿意把人单合一作为一位"指路人"。

在当下，如果我们因管理的种种问题而迷茫，我们肯定希望有一家企业探出路子，总结出方法，供我们学习借鉴，再结合自身改造应用。这种领路人的角色，是众人期待的。

而我之所以要将人单合一与海尔分开讲述，是要把人单合一单纯地当作一位指路人，而非领路人。因为如果案例不能支撑理论，那么人们就会对理论表示怀疑；如果实践还未做到，那么理论就有可能被推翻。所以，分开讲述是一件好事。本章更多的是从一个指路人的角色去讲人单合一，而接下来的第三章则更侧重于领路人的角色。

关于人单合一的源起，张瑞敏讲过一个颇具传奇色彩的故事。

2016 年 10 月 29 日，青岛。在一场招待午宴上，张瑞敏首次向外界透露了人单合一的起源。这个颠覆式理论的起源和应用，不亚于一部企业版的《基度山伯爵》。

24 年前，美国 GE 公司想收购海尔未果，却激发了张瑞敏对未来管理的深度思考，这之后，张瑞敏创出人单合一模式；24 年后，海尔以 54 亿美元并购 GE 家电，而海尔治理 GE 家电的理念，恰恰是被 GE 当年的收购行为催生出来的人单合一。

一架波音 747 载着 18 名 GE 高管，高调降落在北京机场。这是 1992 年中国。他们此行的目的，是要并购和海尔兄弟一样年轻的海尔集团。

1992 年，中国发生了一件大事，邓小平南行；而在海尔的史志上，当年有两件大事：拿地 800 亩建立了著名的海尔工业园以及通过 ISO9001 认证成为合格的世界级供应商。但考虑到与人单合一模式的萌发之间的关联，18 位 GE 高管的来访或许才是海尔当年最为重要的事情。

在对海尔进行了一系列考察探底之后，GE 方开出了并购条件：并购后海尔只能做冰箱业务。

接着，张瑞敏赴美国路易斯维尔开展进一步洽谈，此时的张瑞敏反客为主。后来，在 2016 年 10 月 29 日的午宴上，67

岁的张瑞敏说起当年对方想要并购海尔的场景，依旧感到历历在目："不行，这样我们就没法发展了。海尔还要做洗衣机、空调，我要把海尔发展壮大。"

海尔说了"不"，GE随即开出一个诱人的条件：天价工资。

"他说我看好你，我们也不派人来，我们给你的工资是天文数字。"张瑞敏说："我并不是要多少钱，我要的是海尔能发展壮大。"

天价工资到底是多少，GE没明说，张瑞敏也没兴趣。据海尔的老人们介绍，1992年，张瑞敏的工资在200元左右。

并购谈崩了，事情却没有这么快结束。GE接着亮剑了。

"我们不会因为没有收购你就不发展了。我们会收购其他的企业，接下来我们第一个目标就是打倒你，只要打倒你，其他企业就不在话下。"张瑞敏复述着当年的经过，"我佩服美国人的坦率，他们的话不无道理。"

在GE的老家美国，43岁的张瑞敏引用了美国前总统罗斯福的话作为回敬："唯一让我们恐惧的就是恐惧本身。"

24年后的2016年，GE家电完成交割，被海尔集团以54亿美元收入囊中。在一些学者看来，收购GE家电的不是这54亿美元，而是当年促使张瑞敏思考并创造出的人单合一模式。

并购没有谈成，谈话仍在继续。几位GE高管向张瑞敏抛出了一个问题："你干得很好，员工的拼搏精神值得赞赏，但这个精神不会持久。"

"为什么？"9岁的海尔集团和43岁的张瑞敏都显得有点疑惑。

"激情高是因为他们从低工资开始涨，大家自然很有干劲，但工资不可能永远涨，到了天花板的时候怎么办？"GE方解释道。

"现在好不等于将来好。在海尔的未来发展中这个问题绕不过去。他们说得太好了，我一直把这句话放在心里。"张瑞敏说。对方的发问，就成了他的研究课题。

对一个坚持每周看两本书的企业家来说，张瑞敏从叔本华关于人性的"钟摆理论"中受到启发："人的欲望没有满足就痛苦，满足了就无聊，那就是没有追求，没有头了。人单合一的初始思想就是从这儿来的。"

2005年9月20日，张瑞敏在海尔正式开始人单合一的探索。

2.10 思维上：不再在"大"字上下功夫

虽然人单合一的起源颇具传奇色彩，但总体来说，人单合一模式的直接源起，是张瑞敏为解决海尔的大企业病进行的探索。

大企业病不仅海尔有，所有的大企业里都有。那么企业最初是什么形态的，又怎么会走到大企业病这一步，大企业病又有哪些具体症状？

一般认为，大企业的基本特征，就是规模大、机构多、层级多、人员多。部门之间互设壁垒，流程长而烦琐。每个人挖掘出的病因不一样，所以开出来的药也就不一样。但如果抛开那些学术上的繁文缛节，那么大企业病的起源就不复杂了。

大企业病的起因，首先就是因为大。企业大了，企业的业务多了，雇员多了，布的点多了，企业不好管了。因为这种大，所以用了许多办法来管。于是有了事业部制、矩阵制、大区制，有了KPI（关键绩效指标），有了监察审计，而这些办法与部门，带来了许多副作用——效率低下，浪费严重，各部门自成独立王国，成为一堵墙，众人忙于公司内部的争斗，无人去考虑用户的事情。而这些副作用危害之甚，随时可能让公司的事业崩塌。

这些出发点良好的模式，走着走着忘了初心。正如那些钻研戒律的人一样，沉迷在对戒律的修炼中去，却忘了戒律的目的。戒律只是一条路，并不是目的。管理模式与组织结构也只是路，并不是目的。正如格物这样的方式，不是为了格物，而是为了致知。

针对大企业病，有人开出扁平化的药来，有人开出授权分权的药来，有人开出文化平等的药来，有人开出以用户为中心的药来，然而这些药的疗效，就是当下大企业的现状——结果并不令人满意。张瑞敏开的人单合一这味药，用他的理论来讲，是换道。就是换一条与之前完全不同的道路，而不是在原有的道路上拼命奔跑，修订加强。

张瑞敏不再从"大"字上做文章，而是从"小"字上开药方。

在公司内部，有一个最常见的现象，我们一般很难发现它的不合理性：一家公司总是要招人的，招了员工，双方就有了契约关系。接着，公司总是要为员工配工位、发工资的，这还用怀疑吗？但此时此刻，契约关系其实已变成了博弈关系，用不了多久，在工资的事上，双方就会发生博弈；关于工作时长，双方也会各有想法。

从老板的角度讲，招人是来创造价值的，但往往老板招来的人，是来给老板提要求的。

从员工的角度讲，应聘就是来为老板打工的，难道让我自备工位、自筹资金来上班吗？

但反观另外一个事实，或许能对我们有些启发。如果一个个体户给自己干，那该不该配办公桌，他知道；一笔欠款急不急，他有办法催；一天工作多长时间，他比谁都清楚。

从"小"字上下功夫，就是把人人变成自己的CEO，把企业这个巨无霸变成平台与生态，让它产生无数个具有鲜活与独立生命的小微。

目前的企业，更像是一个机器人，五官俱全，五脏皆备，然而却是机器人式的反应。而人单合一模式下的企业，是一个自然人，五官、五脏等皆能协调而动，每个器官都是独立的主体，却又能组合成一个完整的人。

没有成功的管理模式，只有适应时代的管理模式。过去不是错的，而只是不再普遍适用于当下的时代而已。科层制或泰勒的科学管理，今天仍有人喜爱并运用，也做出了很好的企业，但它们不一定能走向未来。

人单合一是为治疗大企业病而生的，但却不限于此。人单合一从许多方面颠覆了传统企业，这种模式不仅可以用到大企业身上，而且也可以用在小企业、创业企业及企业以外的组织中。

人单合一最终成了一个与人有关的模式。

2.11 战略上：企业不再出产品

战略不应该是由每个公司的战略部制定的，也不应该是民主决策的结果。战略是一种感知，是企业的核心人物对于时代的感知。企业家应该捕捉时代的脉动，从企业的角度出发，去捕捉感知，分解感知，实践感知。

战略与目标不同。目标是一家企业存在的必要。企业不应该把目标定在产品上，企业的目标应该与整个社会息息相关，与整个人类或一部分人不可分割。

一家企业想做百年企业，这是一个低阶段的目标。如果只有这样的目标，那么它可能就像诺基亚一样，从一个以伐木与造纸为主的企业，变成一个生产轮胎与电缆的企业，再变为通信设备企业。

如果一家企业要做最好的柴油车，那这样的目标就是基于企业家个人爱好的小目标。如果时代变化，没有了柴油，也没有了传统意义上的车，那这目标便立刻烟消云散。如果把目标定在为物流提供最好的工具，那在应对时代之变时，企业就不会太痛苦。

马云说他的目标是为了让天下没有难做的生意。在这样的前提下，无论是淘宝、天猫还是支付宝，都是为了这个目标而存在。如果时代有变，产品翻天覆地，到时候全部抛弃重来，也不会太过痛苦。

然而就当下而论，上市似乎成了多数企业的目标。在我们的舆论场里，上市成了终点，一家企业上市了，就标志着它成功了。所以拼多多上市会引发轩然大波，小米上市会引发无数羡慕。事实上，上市仅代表一家公司有了公开的募资功能，仅此而已。但现在上市却代表了成功，代表了未来，代表了白手起家的终点，代表了员工的暴富。企业的存在价值已经在舆论和心理上退化了。

企业是为人类而存在的，所以只有树立高超的目标，对人有益的目标，才能做成好的企业。目标就影响了战略。

人单合一下的战略，就是不再做传统的企业，不再致力于把企业做大做强，而是做一个共创、共赢的平台生态圈；人单合一下的战略，不再出产品，而是出创客。

　　一般而言，决定企业兴衰的是两部分人——内部的"员工"和外部的"用户"。但这种内、外之分，其实是员工与用户脱节的表现。以用户为中心是许多企业的口号，然而这个口号虚假的成分居多，并不是企业不愿意这样做，而是企业想这样做，但却做不到。做不到往往与努力并没多大关系，而是与企业本身有着很大的关系。

　　如果我们在地球上，喊叫要零引力，往往办不到，这是因为我们生活环境的限制；但如果我们在月球上，就可以轻松实现这一目标。德鲁克曾说，企业的目标是创造客户，而不是创造利润。没有用户，企业就不会存在。这个道理很浅显，但不好实现。这是因为企业从一开始就具有一定的封闭性。企业是为了自身的发展而存在，不是因为满足了用户的需要而存在。主动与被动的关系，决定了企业往往是这样的：因为自己在某一方面特别出众，能大幅降低成本，提高效率，所以做出了相应的产品，再投放到市场上。

　　这中间企业是做过调研与分析，并且是经过市场反馈的。然而很少有人考虑过用户需要什么。一般的思维是，我有什么，我怎么让它更好，然后给用户；而很少考虑用户需要什么，我怎么样才能满足用户需要。

　　截至目前，我们仅仅做到了充分，或者特别充分地听取用户的意见，接受用户的投诉。但骨子里，很少有企业拿用户当回事。用户与企业，只不过是一种交换关系——用户用钱交换企业的产品，而这种交换，与菜市场上的交换区别并不很大。

曾经的海尔就是传统企业，曾经的张瑞敏，就是传统企业家的代表。他举过一个例子来说明这种脱离感："传统的企业和用户之间一个很大的问题，也是最令人头疼的问题，就是客户到底要什么？你找不到。过去，都是印了很多调查问卷发出去，叫顾客填，比如冰箱列出 10 种颜色来，要哪个颜色，让你打一个勾。企业等于通过这种问卷的方式，或者打电话了解，或者通过售后服务来获得一些意见的汇总，但这并不是真正的用户需求。"

我们目之所及的企业，基本上都是在以己之心，度用户之心；以己之技，满足用户之需。最好的状态是做到与用户的共情，但用户永远是企业外的，与企业的关系是二而不是一。

除了用户，企业另外一类最关键的人就是员工。没有用户就没有企业。同样，没有员工也没有企业。如同对待用户一样，企业高喊的口号都是以人为本、为员工谋福利等。但事实上，员工很少有机会参与企业的运作。这点我们已经在前文有所涉及，因为每个员工现在只是机器或者组织的附庸。

人单合一下的战略，就是颠覆企业本身。不再把企业当成出产品的组织，而是把企业当作创业者、即创客的孵化平台。人单合一下的战略，就是不再把员工与用户分为内外关系，而是员工与用户一起构成一个整体，员工与用户在一个平台与生态圈内共创共赢。

企业的主要作用是生产产品，然而平台与生态的主要作用是孵化创业者。

企业主要在产品上下功夫，平台与生态主要在人上下功夫。

传统模式下，企业是中心，用户听员工的，员工听企业的；人单合一模式下，用户是中心，企业听员工的，员工听用户的。

人单合一模式下，不再有员工，员工被干掉了，所有的员工都变成了创客。这些创客不再是因为存在而有岗，而是因为有"单"而存在。岗位与员工的关系，是按"竞单上岗、按单聚散"的原则发生的。

2.12 组织上：不再一级一级压死人

战略跟着时代走，组织跟着战略走。

组织是战略承接的一个核心。多年来，一般企业采用的都是串联与金字塔式的组织形式。百年来，管理学家和企业家所做的，是对某一部分的加强，或者把一座高耸的金字塔变为一座扁平的金字塔，但仍旧是一座金字塔。而人单合一下的组织方式，与原先的组织结构有着本质的区别：变串联为并联，变金字塔的科层制为网络化的节点制。

由此带来的变化是一系列的：

由以自我为中心的企业，变为以用户和员工为中心的平台和生态圈。

原有的部门与事业部等，变成一个个具有用人权、决策权与分配权的小微。

职位与职级是自我创造的，而非规章制度和领导给予的。

人才在一家企业的进入过程不再是"选、用、育、留"，而变为"世界就是我的人力资源部"。

传统科层制的组织结构基本上经过了扁平化、阶梯状、事业部制、矩阵制等组织方式。几乎每家企业都能在上述的组织演变中，找到自己正在使用的组织形式。自有企业以来，这些企业组织形式一直存在，并未消亡，只不过有的占主流，有的是非主流。而当下的组织变革，更是令人眼花缭乱。LSE 创新共创实验室的克里斯蒂安·布什总结了当下组织创新的五种形式。

第一种，给员工机会去尝试自己想做的事，等项目成功后，公司会收回项目。

第二种，以收购为主要手段，通过收购新冒出的创业企业，从而弥补自己创新力的不足。

第三种，通过内部信息、资源的并联寻找有创新力的项目。

第四种，在企业之外租一块场地，建一个团队，来孵化项目。

第五种，就是海尔的模式，在内部创新生态系统，重新定义公司架构，实现网络型组织，以用户需求为导向来对整个组织结构进行不断完善和更新，最终实现组织的创新。

第五种组织，即人单合一下的网络化组织。网络化组织形象地来说，是一种节点化。这个组织形式，与前文所述的企业演变中的所有组织形态皆不一样。

这种组织的产生，首先需要的是企业自身的改变，即企业要变为平台与生态圈。平台与生态圈的目标不再是制造产品，而是催生无数创业者与创业团队，直接服务于用户方与资源方的交易与交互。一个成熟并且成功的平台有两大特点：用户方不离不弃，资源方蜂拥而至。平台与生态圈的核心竞争力是诚信。

企业型组织是从上到下，下达命令与指标；平台型组织是平台为小微提供资源与驱动。

企业型组织中，管理层的职责是管理；平台型组织中，平台主的职责是驱动。

企业型组织中，对管理层考核的是利润与效益；平台型组织中，对平台主考核的是本平台上孵化小微的数量与质量。小微的目标，就是通过交互等方式，创造终身用户，实现用户的终身价值。

企业型组织中，部门的产生、一个业务单位的产生，是根据高层管理人员的决策或业务需求而产生的；平台型组织中，小微的产生则是由于用户需求产生了"单"，创客通过"抢单"或"树单"产生小微。

企业型组织中，各个岗位的负责人是组织或上级任命的，负责人的产生，基于上级或组织的需要；平台型组织中，小微主的产生是自己通过"抢单"或"树单"实现的。小微的产生，是基于用户的需要。同时，小微亦需要裂变出更多的小微。小微组织是可以自我演进的，当一个小微裂变出更多的小微后，小微就进化为平台。这一切，都是小微自己折腾出来的结果，如果有负责人的话，那这个负责人，就是小微自己任命的。

小微具有自创业、自驱动、自组织的闭环特点。小微有用人权、决策权与分配权的完整权利体系。并且小微在法律意义上，在被平台孵化完成后，就是一个独立的公司；平台与小微的关系，往往成为股东与企业的关系。

平台与小微的关系，不再是传统的企业与部门的关系。传统的企业由部门组成，有的部门是必设部门，没有它企业就会不完整；平台与小微的关系，是一种孵化与驱动的关系，任何一个小微的存在或消失，都不影响平台的存在。

传统的企业，部门与部门之间是串联的逻辑关系，全体部门的协同，构成了一个完整的流程；平台上的小微之间是一种独立关系，它们或许有业务上的往来，但都是独立公司式的存在。

公司型组织是统一战略，然后各个部门去分解战略；平台型组织是每个平台一个战略主题，符合这个战略主题的，都可以进入这个平台创业，或者被这个平台孵化。

平台对小微的支持与驱动表现在以下方面：

平台为小微提供资金支持。平台要对孵化的小微，或者进入这个平台创业的小微，进行前期孵化的资金支持。

平台为小微提供外部资源。相比单独创业的公司，在平台上孵化或创业的小微，可以得到设计、研发、全球资源、模块商等外部资源的支持。

平台为小微提供共享资源。平台将企业中原有的财务、法务、风控等职能部门转型成一个大共享平台，从而为小微提供人力、财务、信息技术等方面的支持。

平台为小微提供协调机制。如果在整个生态系统中，同一业务有几个不同小微在做，那平台就起协调作用，通过各种方式，让小微之间不起冲突。

平台为小微提供战略方向。提供战略方向分两个方面，一是小微自己挖掘的业务或者开发的产品,符合该平台战略方向。例如，海尔这个大平台，主要是智慧家庭的业务战略，那与智慧家庭有关的项目和创客，都可以来这个平台上创业。这叫"高人树高单"。其次，平台自己也会树单。根据整个平台和生态的战略方向，平台亦会通过用户交互来产生一些项目或者方向，这样就要有内部或者外部的人来承接这个单。这种是平台为小微提供战略方向，称为"高单聚高人"。

此外，平台还为小微提供品牌优势、决策建议、学习机会和能力培养、专业指导、吸引风投资源等。然而小微的独立性在于，它可以不用原有的品牌。海尔这个平台孵化的许多小微，已经放弃了海尔的品牌。如雷神游戏本、小帅影院、有住网等，小微化后就不再使用海尔的品牌。

在小微的诞生过程中，有这样的原则：高人树高单，高单聚高人；开放竞单，按单聚散。

所谓"高人树高单"，意即有符合整个平台与生态圈方向的创业思路的人，就可以来该平台上创业。他的单一定是高价值的，意即他的创业项目一定是未来的方向。

所谓"高单聚高人"，就是在一个现有的平台与生态圈里，平台自己对某一方面或项目表现出强烈的意愿，把这个项目作为一个"单"拿出来，让众人来抢。抢单者不限于平台上原有的人，平台与生态圈外的人也可以来此抢单。

所谓"开放竞单"，指平台树单之后，有多人来抢，有平台上的，有平台外的。这将是开放式竞争，与原有的职务、技能等无关，并且这种竞单要通过路演等方式进行。

所谓"按单聚散"，则是指有单才有小微化的组织，没单就不会有传统意义上的一个业务单元或部门的出现。如果树单或抢单之后，通过小微化运作一段时间，并没有达成该单所设立的目标，那么这个小微组织就要被解散掉，意即死亡。由市场来决定一个组织的存亡，而不是原有意义上，由上级领导或者决策层来为一个部门和一群人定生死。

网络化的组织，如同网络上的一组计算机一样。联网的一组计算机，并不会因为任何一台计算机的损坏而停止工作与服务；联网的一组计算机，并没有任何一台计算机是中心。这即是人单合一理想下对于"企业无领导"的诠释。

联网中任何一台计算机的价值，取决于计算机本身的价值，即资源的多少。如果一台计算机上存储的内容是其他计算机需要的，那这台计算机就自然而然成为中心，也就是平台主的角色。这和目前流行的几大视频网站一样，无论是腾讯视频、搜狐视频还是爱奇艺视频，没有一个是中心，谁有资源，有我要看的视频资源，那在当下谁就是被需要的，谁就是中心。

平台主存在的价值，是自身被需要的价值，而不是被组织定义为一个中心的价值。平台主的价值在于在自己的平台上产生出更多的小微来。小微主也一样，一个小微主能否存在，取决于它被需要的程度，最后的检验标准就是小微能否产生更多的小小微。这就是互联网去中心化特点在管理实际中的应用。

传统企业组织结构与人单合一下的组织结构，如图4所示。

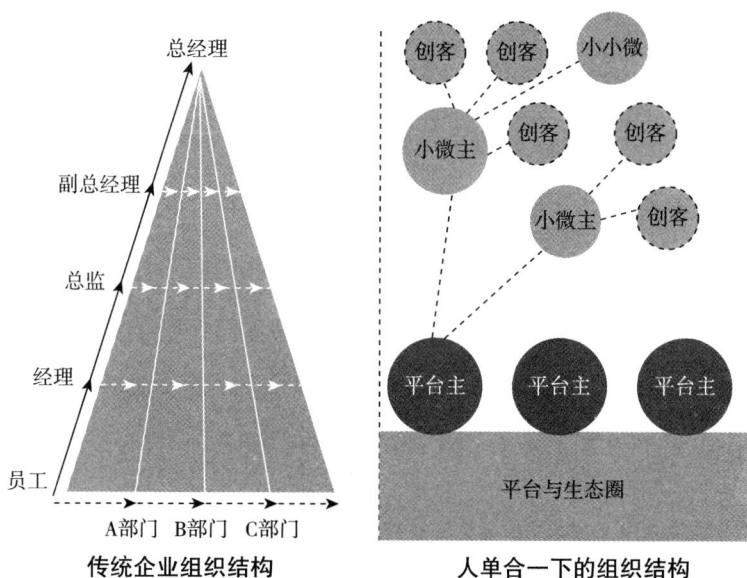

图4　两种不同的组织结构

组织与原来完全不一样了，因此人才来源和人才升迁也随之发生了改变。

传统企业型组织的员工管理基本上遵循了"选、用、育、留"这一原则，晋升或降级基本都是基于 KPI 而产生的结果。但在平台型组织上就完全不一样了。人单合一下的人力资源管理逻辑只有一句话，即"世界就是我的人力资源部"。

仅"选、用、育、留"这四个字，就可以派生出一大堆的理论与实操方法来，如"选"。选什么，选本科毕业生，还是选 211 抑或是 985 院校的毕业生？这四个字可以是一本书，可以是几十年真经验的积累。一旦企业型组织变成了平台型组织，组织结构就由封闭式变成了开放式，所有的事情都是围绕"单"而非围绕组织来开展的，所以就无所谓你是阿里巴巴的人还是腾讯的人，只要有一个"单"，你就是我的人。按单聚散，没有内外。人才没有了内外的界限，全球的人才库就是平台的人才库。

那人才的晋升又该如何呢？人单合一模式下是自己说了算，这乍听起来是个天方夜谭的事，如果自己说了算，那么按照理性人假设，岂不人人都当首席执行官，拿最高的薪水，坐最高的位置？

传统的做法是这样的：如果你是职场老手，跳槽到一家新公司，那么，你的职务与级别是谈出来的，谈的依据就是你在上一家公司的职务与职级，根据新公司的职务与级别管理办法，根据个人的适配度，给定一个职务和薪酬。如果你一毕业就在某公司，那么从实习生到主管，到经理，到高级经理，到总监，到副总裁，再到首席执行官，这中间无论有多少级或者多少职务，总是要拿业绩说话的，这业绩是需要得到上级的确认才可以的。无论老手还是新手，你的职务与级别都是上级给的。工作后，晋升是有严格的规定，需要考核，需要业绩，需要领导的认可，甚至于周围同事的点评。许多企业还划分了技术与管理两条线，力求在尽可能实现人尽其才的情况下，不因非领导岗位的工作内容不同而使待遇和级别有所差异。

人单合一下的小微主，则是自己"树"出来，或者"抢"出来和"竞"出来的，不是领导任命的。而如果一个小微经过一段时间的运营和演进，已经分裂出许多小微，那这个小微主就会成为平台主——晋升逻辑发生了彻底的变化。降级则是没有退路的，小微要么聚，要么散，如果小微散了，也就没有小微主了。

一个小微在诞生过程中，小微主和小微的主要成员是需要跟投和对赌的，否则就会出现"崽卖爷田不心疼"的结果。这种跟投对赌，既是小微对自己项目信心的证明，也是平台为小微提前提供资源的体现。

在海尔的实践中，还有一条，即把小微上市作为阶段性成果进行检验。并且在小微启动之后，海尔不再投资，小微必须自己吸引外部的投资，如果吸引不到，小微就会自动解散。

2.13 组织上：不再把职能部门当闸口

人单合一要成为一种全新的理论，就要对现有企业的方方面面都有所涉及和改造，才能显出它的新来，才能称得上是一种全面的、普适的理论。

就企业本身而言，对职能部门这种只花钱不赚钱，没有它又不行的组织单元怎么办？

财务部门、行政部门、法务部门、品牌部门等职能部门普遍存在于企业之中，这些部门不生产，也不销售，更不产生利润，只是一个花钱且只为企业内部服务的部门。对这些组织的革命对人单合一是一个考验。

在人单合一模式下，这些部门都有所改变。如图5所示。

"人、财、运"这三个部门，对许多企业来说都是传统的三大职能部门，更是非常重要的管控部门。但在人单合一下，它们不再起闸口的管控作用，而是变成了一个共享平台。

例如，财务部门，一个小微可以自建财务部门，这是路径之一。但如果考虑到成本的问题，也可以外聘财务公司提供财务服务。任何一家外聘的财务公司都不会对本企业进行管控，三者之间是一种彻底的服务关系。

在原有大企业的基础上，人单合一把这些职能部门变成一个大的共享平台。任何平台和小微有财务方面的需要，都可以来此"树单"。这相当于一种公司对公司的合作，如果原有的财务部门转型为共享后的服务并不理想，那其他平台或者小微完全可以不用这些财务平台，转而寻找这个生态与平台之外的财务公司。

其次，转型后的财务，变传统的来活就干为一种抢单模式。活干得好不好，取决于服务好不好，这与一般企业财务人员抱怨活多不一样，现在他们恨不得活多起来。这种变化带来了惊人的效果。

海尔的财务共享平台，现在的运营效率已经比业内高了19倍。2016年，某企业营收5007亿元，这5007亿元背后，是2万名财务人员在进行支持，人均效率0.2亿元；而同年的海尔集团营收2016亿元，财务人员900名，人均效率2.2亿元。

再以传统的企业文化部为例，这是一个彻头彻尾的职能部门，是纯粹的花钱的部门。但是，如果用人单合一的思想进行改造，那完全可以做成一个内部市场。

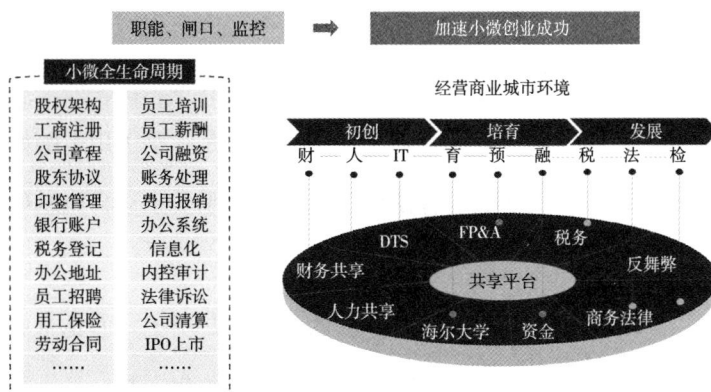

图5　以海尔为例的职能部门共享平台式转型

传统模式下，企业有在内部传播文化的需求，于是寻求文化产品，产生了内刊。

一个产品的构思有了，于是设置部门，如内刊小组，接着就是招聘相应的人员，然后将人员工资纳入整个薪酬体系，对外还要支出内刊所需的物料费用。

虽然许多大企业都有内刊，但内刊达成效果却很难衡量。从企业的角度来讲，投入要有产出，产出要有效果。为此，就必须厘清内刊的用户是谁。一般认为，用户是员工无疑。因为内刊就是办给他们看的，但出钱的却是公司。按照这种逻辑，应该是员工付费阅读。但事实上，就算将内刊免费发放到员工手中，都不一定起到什么作用，更何况让员工掏钱来买。

读者和用户是两个概念。这正如营销学上的决策者、购买者、使用者一样，完全可能是不同的主体。这就好比说爸爸是一个决策者的角色，决定要为孩子买一台笔记本电脑，而妈妈作为购买者，去进行购买这个动作，最后的使用者却是孩子。如果他们的意见不一致，那么最后的使用者就不一定满意。这就是用户不清楚导致的。如果爸爸的目标是让孩子用电脑好好学习，而孩子的实际目标是为了玩游戏，那关于这台电脑的硬件配置，那么两者就不会达成一致。

内刊也一样。内刊这款产品的用户不是员工，而是企业。企业为了把战略传递下去、把基层的实践收集上来，又为了把文化传导下去、把基层的反馈展示出来，才有了这款产品，这些都决定着内刊的方向。许多内刊都是展现员工生活、工作风采、树优评优的，这样的展示意义并不大。每个人的风采不一样，每个人的性格不一样，最后内刊就成了一个低水平的副刊大杂烩。

按照人单合一的思维，企业是用户，那么企业的管理层代表企业，对内刊进行购买。这相当于用户有了需求。这样一个"单"就出现了，内刊就作为一个"单"出现了。

接下来，就是对"单值"进行评估。

如同用户要定制一台空调一样，他想好了所有定制要求，接着就要考虑他愿意为这样的定制花费多少钱了。还是用空调举例子，用户通常会这样来算这笔账：首先，我原来定制过一台类似的，以原来的价格作为参考；第二，参考其他品牌同类定制产品的价格。具体到内刊这个单的单值来说，也不外以下几种情况：一是企业按照往年对内刊部门的预算划拨进行单值梳理；二是参考同规模、同市值的企业的内刊预算进行单值的梳理；三是，参考市场上可以外包内刊的供应商的报价进行单值的梳理。

"单"有了，"单"的价值也有了。按照高单聚高人原则，接下来，就是高人们出场的时候了。

"单"人人可抢。不再是原有的内刊部门的人来承接这个业务。其他部门的人可以来抢，原来做内刊的人也可以来抢这个"单"。那靠什么来抢这个单？和创业公司一样，要通过路演。

抢"单"的人，要根据"单"的目标和价值，提出自己的可行性计划，进行方案比拼。首先是论证目标。企业要达到的目标，是战略的有效传达，文化的有效传导，以及传达和传导的有效反馈。这是企业对内刊这个"单"的目标与需求。那么根据这个目标，内刊将拿出相应的产品，如版面的规划、报道的规划，来匹配这一目标。在这样的情况下，抢单者自己都会提出考核的具体细则。

剩下的，就是小微化运作。用几个人，印刷费多少，每个人的工资是多少，就是小微自己要考虑的事了。因为用人权、决策权、分配权都是一个真小微的体现。这就摆脱了传统模式下的痼疾：人总是不够的，工资总是要涨的，员工总是抱怨的，效果总是模糊评判的，考核的时候总是讨价还价的。小微化之后，原来用十个人的部门，有可能五个人就足矣；原来是领导发号施令指派员工去干活，现在变成员工抢着干活。

这仅仅是一例而已。

传统职能部门，全部转型为一种共享平台。如果干得好，其他平台和小微可以用他们的资源；如果不好，那他们可以用其他的资源。这也是一种倒逼，倒逼这些转型为服务的平台，树立真正的服务意识与服务作风，否则就是单散人散。

2.14 流程上：不再和其他部门扯皮

当下许多企业都在高唱着"以用户为中心"的口号，但如果一家企业内部采用串联式的流程，那无论如何也做不到以用户为中心，即使他真的这么想，也做不到。

以一台冰箱从诞生到进入家庭为例，串联式的流程是这样的：

市场部门先进行调研，研究用户的需求；研发部门根据市场部门调研来的结果，进行产品研发；然后生产部门根据研发的结果，进行批量生产；生产完之后交给市场部门，市场部门通过各种营销手段与渠道，使这台冰箱最终到达用户手中。最后售后服务跟进，整个环节基本完成。在整个过程中，人力、财务等职能部门对相应的环节进行管控。

这种串联式流程带来的问题是：

第一，用户被动接受。用户对企业来说是一个抽象概念的综合，并不是有血、有肉的具象的个体。每一个用户和企业产生交集的环节，基本都集中在销售环节。假设上述的每个环节企业都尽心尽力，但最后对用户来讲，也不一定获得好的体验。

第二，在管理上很难界定责任。如果冰箱的销售最后不尽如人意，要是追起责来，很难确定责任人。市场部门会拿出一大堆方案与现场证据来告诉管理层，他已经使尽了所有的营销手段与方式，但就是卖不动；生产部门也是无责的，他会拿出更可靠的数据告诉管理层，产品的质量百分之百合格，甚至已达到了行业的最高标准；研发部门当然也是没有责任的，因为无论是尺寸、功能还是使用者的偏好，在产品设计之初他们都考虑进去了；调研部门就更没有问题了，他会拿出一堆有名、有姓的调研数据，这些被访者全都经得起核实。

张瑞敏对这种流程下的推诿扯皮印象深刻，"如果产品卖不动，或者顾客嫌贵，销售人员一定会倒过来埋怨研发，你开发的这个产品不行，你这个产品问世太晚了，别家上市早。研发就会说，当时钱给我拨得晚了。而财务就会说，你别找我，你找销售，是销售上次给我回款太慢了。这一个圈转下来谁都没有责任。"

第三，串联式流程带来的是一种被动。没有市场调研部门开始第一步，没有管理层决策的第一步，其他部门就都无所事事，每个部门都取决于上一个部门。

第四，在整个过程中，协调成本特别高，执行过程相当纠结。张瑞敏曾言，一个传统的组织，它一级一级有领导，每个部门甚至每个人都要追求自己的利益最大化，所以部门之间有很多矛盾。这些矛盾就靠领导来协调，协调到最后，可能就是妥协，或者说各让一步。在张瑞敏眼中，开调度会就是搞协调。

第五，串联组织应对市场的速度迟钝，因为所有事项的启动都要请示领导，领导要请示领导的领导。最后是一个最不面对用户的人，做了与用户有关的决策。

而人单合一下，把串联模式改为并联模式。图6为串联流程与并联流程的示意图。

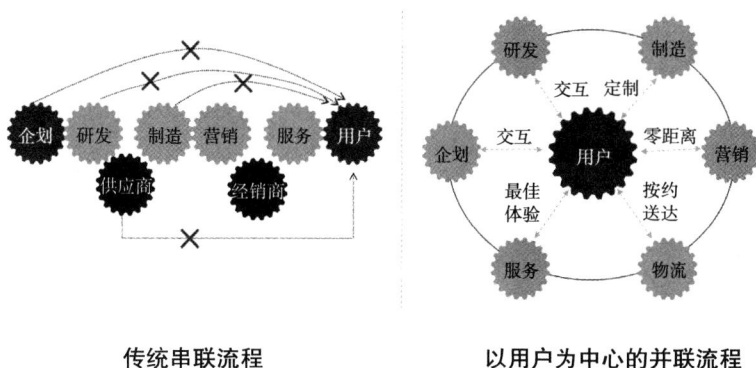

传统串联流程　　　　　以用户为中心的并联流程

图6　串联流程与并联流程示意图

每个部门的每个人都直接向用户负责，而不是向下一道程序负责。没有下一道程序，所有程序都是终极程序，每一道都与用户直联，每一道都需向用户负责。

在并联模式下，不存在用户调研问题。与用户交互成了关键。成千上万的用户在社群中进行交互，从而交互出所需产品的框架。这也改变了传统新品上市的"彗星规律"——先小批量试点，再大批上量。在这种模式下，交互开始就意味着定制的开始，就意味着每台产品已经有了用户。所有环节要做的，就是从自己的专业角度去满足用户的需求。

在并联模式下，企业要干什么是用户决定的，而非原来的以自己的优势为出发点做事；企业怎么干也是用户决定的，你认为的好处或许在用户眼中毫无用处，你认为的无用或许在用户眼中十分关键；你什么时候生产，什么时候交付，都已与用户建立了联系。当这一切搞定，用户要做的，就是在网络上查看自己定制产品的进展。

并联模式下所谓的用户，不是一个用户，而是具有一定社群属性的群体，社群和平台能吸引用户自愿进入；用户进入后自动交互。自动交互并不是企业的工作人员成为群主式的主持人，而是群龙无首式的自动交互。

2.15 薪酬上：不再让公司来发工资

在企业型组织里，财务部门会在每个月固定的时间把工资打到员工的银行卡上，这是件毫无悬念的事情。员工的工资当然是公司或者老板发的，不会是其他人。

战略、组织与薪酬是一家企业中最为重要的三件事。薪酬之所以重要，是因为它代表着奖惩，是最为有力的管控手段之一。

企业一般应用的薪酬方式有四种：计件工资、计时工资、分成工资和宽带薪酬。前三种是短期薪酬制度，第四种贯穿于员工的职业生涯。目前流行的是计件工资和宽带薪酬。

计件工资是指按照合格产品的数量和预先规定的计件单位来计算的工资。它不直接用劳动时间来计量劳动报酬，而是用一定时间内的劳动成果来计算劳动报酬，照工人所完成的产品数量或作业量支付工资。

　　宽带薪酬模式是目前最为流行的薪酬方式，它与职务挂钩，职级越高，薪酬越高；各级员工均有对应的职位级别和薪酬标准。宽带中的"带"，意指工资级别，宽带则指工资浮动范围比较大。与之对应的则是窄带薪酬管理模式，即工资浮动范围小，级别较多。员工不是沿着公司中唯一的薪酬等级层次垂直往上走，相反，他们在自己职业生涯的大部分或者所有时间里可能都只是处于同一个薪酬宽带之中，他们在企业中的流动是横向的，随着能力的提高，他们将承担新的责任，只要在原有的岗位上不断改善自己的绩效，就能获得更高的薪酬，既使是被安排到低层次的岗位上工作，也一样有机会获得较高的报酬。

　　此外，还有针对企业高管的股权激励，一种被称为"金手铐"式的薪酬体系，至今仍受到追捧，并且许多企业正在想方设法搞一些"金手铐"出来。然而"金手铐"并未像当初设想的那样，换来高管的忠诚。

　　传统的薪酬方式，往往会造成劳资矛盾的出现。传统的薪酬是一种博弈，是只有员工与公司两方参与的一种博弈。而人单合一下薪酬的参与者是另外两方：员工和用户。员工与用户不再是一种博弈关系，而是一种共生共赢的关系。

　　传统管理中，公司为员工发工资，员工晋升取决于上级的认可，这是普遍现象。然而小微化后的组织，是直接面对用户的，他们的薪水来自用户。这就是人单合一下的用户付薪。图7为以海尔为例的薪酬体系。

用户付薪的核心，在于能不能让小微们独立核算，这是用户付薪的关键所在，因为每个小微都会自己算账。在用户付薪里，有个核心概念叫"超利分享"。即平台与小微事先对赌，就目标达成一致，如果小微最后没有达成目标，那小微的创客们就没有工资；如果结果超越目标，那超过的部分就属于超利，怎么分配由平台与小微事先约定。

假设平台与小微约定今年的目标是赚到 100 万元，小微的全体成员就可以拿到薪酬。而虽然赚了 100 万元，但其中的成本方面，差旅费占了 20 万元，扣掉后就剩下 80 万元，就开不了工资了。所以许多小微会自己想招，他们往往早上出差，晚上赶回来，就是为了把费用压缩到最低。每个人的差旅费与团队的费用都是息息相关的，费用多了目标就难以达成，团队的薪水也就没有了。

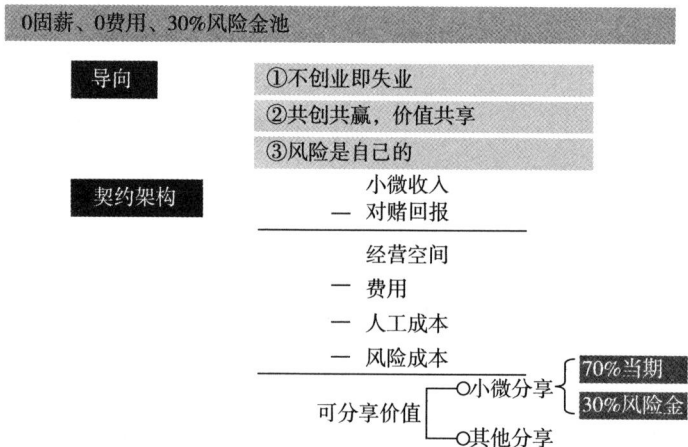

图 7 以海尔为例的薪酬体系

在传统管理中，仅差旅费一项，许多人基本上都是按级别内的最高标准在执行，但如果利益和本人连在一起，这些问题就迎刃而解了。

在海尔有做得极端一点的小微，自己发明出一种叫"0030"的模式。第一个"0"是 0 薪酬；第二个"0"是"没有现金流，就没有费用"；"30"是指干完以后分到的钱必须切出 30% 作为风险基金。这就是用户付薪下小微自创的一套财务和分配原则。

用户付薪是因为有了小微化的组织，小微有了"三权"，小微内的成员同呼吸共命运，所以在事实上，人单合一把原有的间接的"用户付薪"，变成了事实上的"用户付薪"。

因为在这里，每一个人都能感受到用户的地位，每一个人都成了自己的首席执行官，如何创造更大的价值，每个人心中有数。在用户付薪的基础上，人单合一模式还提出了"创客所有制"这一概念。张瑞敏试图用这一所有制，代替原有的股东所有制等企业治理方式。

2.16 财务上：不再用传统的财务报表

财务是另外一个被人单合一革命的对象。人单合一在算账的时候，把用户纳入了进来。而传统财务，算的只是公司内部的账。图 8 为以海尔为例的财务变革。

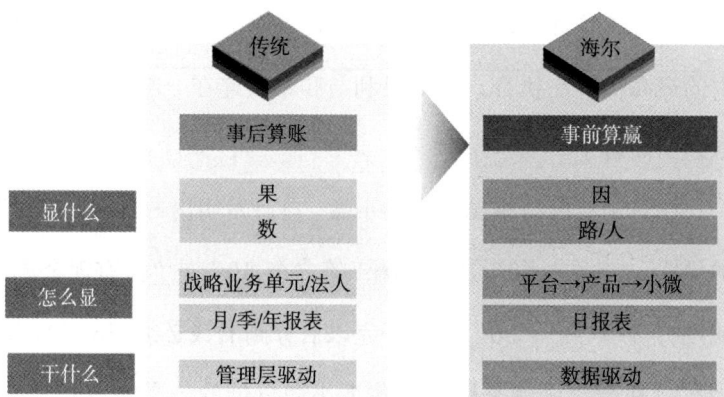

图 8　以海尔为例的财务变革

传统的财务，都是事后算账，而人单合一下的财务，是事先算赢。

传统的财务，通过资产负债表、利润表和现金流量表、销售业绩等报表显示出来的是已成既定事实的结果和数字；而人单合一下的财务报表，显示出来的是如销售等干得好或者不好的原因和责任人。

传统的财务报表一般显示月、季、年三个节点，而人单合一下的财务以日报表的形式显示。

传统的财务是管理层驱动，而人单合一下的财务，是用户驱动和数据驱动。

在人单合一模式下，海尔发明了共赢增值表。图 9 为传统损益表与共赢增值表的示意图。

共赢增值表考核的第一项是用户资源，其次是收入成本。共赢增值表是融合了生态收入和生态价值，产生边际效益和边际利润的表格。它有别于以往的企业主要运用的"三大表"。

例如，海尔"社区洗"小微，过去的收入主要来自卖洗衣机这种产品。但洗衣机这种产品对用户来说其实并不重要，用户需要的不是一台洗衣机，而是一件干净的衣服。"社区洗"小微把洗衣机作为载体，搭建了用户社群，吸引利益攸关方都到这个社群平台上来，组成了一个大学生创业平台和大学生生活娱乐平台，一台洗衣机半年带来的生态收入就已超过洗衣机本身的硬件销售收入。这个小微的实践，就突破了原有的"三大表"，而是对一张真正的共赢增值表的实践。共赢增值表主要要把用户体现在里面，要把生态收入体现出来。

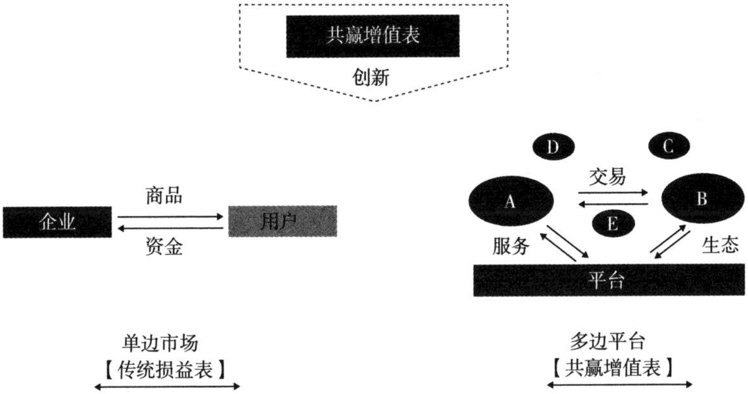

图 9 传统损益表与共赢增值表

张瑞敏曾经想过把人单合一简化到特别容易的公式里去，为此他在 2017 年提出了一个"用户乘数"的概念。这个概念，与财务有关，却超越财务，但目前仍然在探索阶段。

2.17 技术上：不再把专利当个法宝

人单合一同样也影响和改造着我们对于技术的看法。与"世界就是我的人力资源部"一样，人单合一下的技术观也可概括为一句话：世界就是我的研发部。

拥有技术，特别是专利技术，被许多企业认为是可以制胜的关键一招，唯技术也成了一种牢不可破的思想。

从专利本身讲，它是工业时代的标志，是从维多利亚时代延续至今的产物，但它也是要顺应时代发展的。互联网时代，应该有互联网时代的专利观。

如今，法律条文、媒体舆论和坊间议论都在强调保护专利的重要性。保护专利，就意味着保护专利拥有者；保护专利拥有者，就意味着保护专利发明者（拥有者与发明者往往是一体的）；保护专利发明者，就意味着保护创新；保护创新，就意味着保护这个时代向上、向善发展的路径，这里也暗含了一条公平的脉络。

从企业的角度讲，专利可以转化为产品，然后为用户所用，为企业带来收益。但技术专利的本质在于应用，而非保护。拥有好的专利，并不一定带来好的结果。以下有正反两个方面的例证。

正面的例子是，万维网的发明人蒂姆·博纳斯·李，当初没有申请万维网的专利，却惠及了整个地球，他所收获的荣誉与物质，却并不因没有申请专利而减少。正因为万维网的普及，才有了目前互联网的迅猛发展，没有人认为蒂姆·博纳斯·李比比尔·盖茨差。如果蒂姆·博纳斯·李把这项技术申请专利，再保护起来出售，我们目前的世界或许是另外一番景象。

反面的例子是，胶片时代的全球老大柯达最先研发数码技术，在数码科技领域是专利数量和质量的绝对巨头。然而在2012年1月19日，柯达倒下了。柯达靠许多领先世界的专利卖了一大笔钱，直到2015年，柯达的专利出售仍在继续，如自拍专利就卖给了苹果公司。我不知道专利对于柯达来说，是它的幸运还是不幸。

柯达并不孤独，诺基亚、彩电巨头汤姆逊等公司的命运也如出一辙。所有这些，罪不在专利，而在于企业如何对待专利。

海尔有一款红酒柜，这款酒柜没有使用传统的压缩机技术，而是使用了一种叫做磁制冷的技术，因此它不产生任何震动。下一步，海尔将把这项技术应用在冰箱上面。如果实现了，那全世界现有的冰箱或许都要被扔进垃圾桶了。大多数人只关注这项技术带来的革命，往往忽视了这项技术产生及应用的过程。在我看来，这款红酒柜产生的全过程，或许是人单合一下专利观念变化的一步。

这项技术的应用是用户推动的结果，不是实验室研发的结果。一般企业是一种线性思维，先有一个好的研发成果，再将结果技术化、专利化、产品化，最后市场化，即卖给顾客。这是一种典型的以企业为中心的技术主导型思维。那我们看看海尔是怎么做的。2012年底，海尔的酒柜研发团队针对用户的需求和意见进行了线上、线下的调研分析，很多用户提出需要零震动、恒温的"酒窖式"的酒柜，所以海尔才有了生产这种酒柜的动机。

有了需求，技术从哪儿来？普遍的路径不外乎这几种：企业自己养一堆专家来研发，或者购买市场上现有的技术专利，或者听闻某处有这样的团队，要么挖过来，要么想办法一起研发，但这个过程是比较漫长的。海尔的做法是将用户提出来的需求转化成一项技术需求，然后通过 HOPE 资源交互平台及超前研发平台将需求发出；美国一家创新公司有合适的制冷方面的资源，同时，对方也有将技术转化为产品的需求，所以这个需求立刻得以技术化，接着就是产品化。

这种"世界就是我的研发部"是一种无边界的思维。无边界意味着开放之前许多封闭的、不可触碰的领域。在过去，海尔处理新专利的方法是，新技术和新产品在上市前必须严格保密。但现在完全进行了颠覆，用户、甚至是竞争对手已经参与到许多新技术、新产品的研发过程中。这种例子在目前海尔的实践中已经举不胜举了。

2.18 人单合一为什么这么难理解

在许多人眼中，海尔是难懂的，人单合一是晦涩的。这些为人单合一的研究及普遍推广造成了不小的困难。这让人单合一成了一种"孤芳自赏"的模式，甚至被指责为一种噱头。之所以如此，我认为有以下几方面原因，如果这些方面的问题能得到有效解决，那么人单合一将成为一门显学，在各种思潮涌起、旧理论不能解决新问题的当下，在管理界绽放出耀眼的光芒。

第一，人单合一中的许多概念是独创的，与目前流行的管理学语言并不兼容，这让研究者望而却步。张瑞敏与海尔，是创造管理词汇的高手。人单合一、用户付薪、平台、生态圈、社群交互、套圈、换道、全流程、显差、关差、还原池、调频、事先算赢、三高、单、抢入、人单酬、引爆、引领、三店合一、预实差……这是海尔常用的一些管理词汇；空气平台、洗涤平台、间接采购平台、车小微、新能源小微……这是海尔用过或正在用的一些组织名称；领域主、行业主、小微主、平台主、创客……这是海尔用过或正在用的一些类似职务与头衔的名称。这些与管理学上流行的、与当下各企业流行的那些管理词汇，如打法、复盘等不一样；与电商时代、新零售、新金融、新技术等流行的方向判断不一样；与普遍的总裁、副总裁、总监等职务与头衔不一样。所以在研究人单合一的过程中，要对这些词汇进行翻译、再造，或者将这些词汇完全概念化，并进行宣传推广，让社会大众对这些词汇的内涵有所了解。此外，独创就意味着具有排他性，这会导致学界与业界很难介入研究和学习。所以在目前的研究和学习过程中，许多人把人单合一纳入到自己的语言体系和管理逻辑里进行类比，这显然会产生偏差。

第二，人单合一分钟级的变化速度，让人对这种模式产生怀疑。人单合一在十多年的发展中，无论是其构成、表述还是侧重点，总在不断变化。这让学习者和研究者无所适从。因为海尔本身、人单合一本身迭代的速度太快了。以简单的平台主、小微主和创客这三类人的分类来说，不多久便变成了领域主、行业主、小微主和创客。这种概念的变化在学术上是特别重要的事情，因为许多逻辑会随之发生变化。但这样的变化在海尔却是经常的事情。关于小微的分类，之前是转型小微、孵化小微和加速小微，但在2017年7月左右，却完全变成了社区小微、创业小微和车小微三类。而且在此前，车小微只是小微中的一个具体的小微。这种变化，在内部都会引发不小的困惑，何况外部。

第三，人单合一模式与海尔本身的血肉联系，产生了弊大于利的结果。一些企业也来海尔学习人单合一模式，但更多是思维的借鉴，或者是对人单合一模式下细分模块的学习，构不成系统学习，形不成社会影响。再就是，海尔与人单合一模式本身密不可分，一般人很难把人单合一作为一个单独的管理理论进行研究，通常是从海尔的实践中来观察人单合一的效果。如果海尔生产的产品还是原来的样子，大家就认为这样的模式没有什么用；如果海尔的产值并没有什么突出的地方，那大家就会对这种实践了十多年的模式表示怀疑。这些都是人之常情。就算在海尔内部，也有许多人讲不清楚人单合一，有的人嘴上说着小微化，但实践中还是科层制，加之海尔企业规模比较大，所以这种现象不在少数；此外，还有的人"打着红旗反红旗"，言必称人单合一，却在实践中反人单合一，这些都会让接触这种模式的人产生强烈的质疑。剥离是为了更好的理解。人单合一源于海尔，却不等同于海尔。

2.19 人单合一的软肋

事物都是一体两面的，有优势就有劣势，有成功之处就有不成功的地方，没有十全十美。那么人单合一的另一面，或者说它的软肋在哪里？

在这一点上，张瑞敏有过思考。他认为人单合一成功的关键首先在于企业家是否真的敢于把用人权、决策权和分配权还给员工。这些权力一旦还给员工，就无法收回。平台企业与小微的关系，就变成了一种股东关系，只能做战略上的指导，而无法对其他的事进行干预。

其次，在企业转型的过程中，就算起主导作用的企业家愿意进行这样的改造，但一个人是完不成这样的大业的，他需要先把一批传统的高中层管理者转化为平台主，再由平台主进行小微的孵化。那么平台主是否真的愿意做小微，愿意孵化小微，也成了这其中的关键。

在海尔实践人单合一的过程中，张瑞敏对于平台主的关注，就在于一个平台上能新冒出多少小微。张瑞敏对平台主的驱动，就在于让平台上有越来越多的小微，因为小微还可以再分裂出更多的小微。

在人单合一的变革过程中，是需要企业家这只"上帝之手"的，需要有人拨一下，这个机器才能动起来，动下去。所以人单合一的根本与成败，都在于这只手。而这只手背后是企业家的思考与企业的基因和文化。

能不能做人单合一，用张瑞敏的话来说，就是看企业有没有这样的基因。

在改革开放之初，因为对知识与技能的饥渴，中国的企业集中学习日本的全面质量管理，而且整个国家从上到下都在普及这种管理模式。但全面质量管理的发明者却是一个彻头彻尾的美国人——爱德华兹·戴明。为什么这种模式在美国极难推行，却在日本大放光芒？张瑞敏认为，这是因为日本具有团队精神的基因与文化，而美国则是个人主义的基因与文化。个人主义的基因与文化与全面质量管理具有互斥性。张瑞敏说："因为全面质量管理核心的一句话是'下一道工序是用户'，而美国人不管下一道工序是谁，来了就干，干完了就拿钱。后来日本搞起来了，美国再到日本学习，还是学不会，因为文化不同。"

　　在学习人单合一的过程中，许多人希望有几个简单的公式或几个简单的工具，拿来就用，用了就有效；许多人奔波在前沿培训的路上，希望听几堂改革创新的课，然后就去改造自己的企业，进而赢得未来；许多人想从书中或者别人的口中得到管理的路径与工具，然后稍加改造就投入应用，这是多么令人着迷的捷径啊，然而这世界上哪有捷径。这些想法与现象，都是可以预见的，是并不能成功的想法与方法。如果能从人单合一中得到一些启示，而非全部照搬照抄那么这样的学习或许是一种更为有用的学习。如果把人单合一当作一位指路人而非领路人，那学习人单合一或许就更为有效。

　　这如同在许多企业中流行的跑步文化一样，即便一个跑步健将告诉你要什么样的装备，跑前如何拉伸，跑中如何调整，跑后如何恢复，跑步应该以什么速度与频率进行，但许多人还是跑不起来；就算跑起来了，结果也相差很大；有的人跑跑走走，有的人步子大，有的人步子小，有的人一口气可以跑 10 千米，有的人每次只能跑 3 千米。这就是基因的重要，这就是指路人比领路人更具意义的地方。

　　正如知名学者克莱顿·克里斯坦森（Clayton M .Christensen）说的那样，"我无法告诉你该怎么做，只能教你该怎么想。"所以有时指路比领路更为关键。因为每个人有不同的基因。基因是决定这一切的，基因是决定你的企业是否能应用这种新型管理模式的关键。

　　既然如此，那么我们就看看产生人单合一的土壤以及首批进行人单合一实验的企业，有怎样的过往，又有怎样的基因与文化。

　　我们的第三部分，就讲一讲海尔的基因与文化。

第三章

削尽你的书生气

2017 年的年末，新飞冰箱出局了。几天后，澎湃新闻刊发文章《新飞陨落：曾经比海尔还赚钱，如今却沦落到停产》……

2016 年年底，万达集团董事长王健林在公开场合，回忆当年回购沈阳太原街万达广场商铺一事，他说："我们这个事例，比海尔砸冰箱的那个事伟大多了，砸二十几台冰箱才几个钱啊……"

新飞冰箱停产，人们要拿它和海尔比；万达砸商铺，自己拿自己和海尔比。

有人比谁更牛、有人比谁更猛、有人比决心、有人比管理、有人比未来……总之，作为中国企业界的"活历史"与正面教材，三十多年来，海尔已经不单纯是一家企业了，不管你承认不承认，它都已经成了标杆。

与海尔有关的报道简直是太多了，有中国的、有外国的，有深度报道、有一般性报道，有书、论文、杂志，甚至还有动画片与漫画，可谓数不胜数。所以在这里，我就不赘述大家已知的那些历史，如砸冰箱的传奇、海尔成立的过程，或是被管理界称之为"海尔之剑"的 OEC 管理法。我将写一些故事，它们是我的亲身经历与所见所闻；我还会写一些思考，它们有关一家企业的文化和灵魂。

3.01 海尔不是企业

蔚来汽车的充电桩是它铺的，锤子手机的客服电话是它接的，你买了好几个牌子的电器但都是它送的，你买的大件健身器材是它安装的，你吃的牛肉里可能有它生产的一斤，你买的鸡蛋里有它生产的一个，你的办公室或者家里的装修，都可能是它完成的……

它不是别人，就是现在的海尔。

对许多学者和企业家来说，对许多关心海尔的人来说，往往有一个困惑，目前的海尔如此庞杂，它到底是干什么的？哪个才是它的主营业务？如此多元化有什么意义？

我要说的是，海尔不是多元化，海尔已经由一家企业变成了一个平台与生态圈。小海尔是海尔集团本身，它由一家企业进化为平台；大海尔是与海尔相关的平台和企业的综合，它是一个热带雨林式的生态圈。

平台化与多元化有着本质的区别，正如扁平化与网络化一样。多元化一般指同一公司有多个不同类型的业务，而平台化是企业根本的转型，与业务类型并无关系；其次，平台化后的海尔看起来很乱，但它其实是围绕一个主题在做，即智慧家庭。

这就是目前海尔的真实面貌。

如果要为现在的海尔找一个同类项，那小米公司或许和现在的海尔基本类似，它们都是围绕智慧家庭在做，而且都在做生态圈。

有一篇名为《张瑞敏最近频频提及的"品牌社群"到底是什么？》的文章，清晰地回答了"海尔是什么"这个问题。

海尔一直是个奇怪的存在。

一家被视为做传统家电制造的企业，这些年却一直在探索管理模式的变革。

其所生产的产品，不再是单纯的冰箱、空调、洗衣机，还有雷神游戏本、小帅家庭影院、超级无人机……

其所涵盖的领域，除了生产制造与流通，还有金融产业、互联网家装、文化与地产。在城市，海尔努力铺设快递柜；在农村，海尔不遗余力建水站……

海尔似乎陷入了一个俗气的循环——公司有钱就变大，公司有名就多元。特别是地产板块，现如今已成了大公司的标配。这种什么赚钱干什么，不讲专业度和精准度的行为，一度被国人解读为工匠精神缺失的根源。但海尔或许是个例外。海尔与其他公司的差异在于，它有着超前的战略眼光与系统性的战略布局。

张瑞敏曾经公开讲过，海尔要做物联网时代的引爆者，核心是智慧家庭。

依目前海尔的动作来看，它的成王霸业图几乎全是围绕着智慧家庭开展的。房子是第一入口，金融是前置条件，家电家装是必备载体。假设这样一个场景：有人用了海尔的贷款，买了海尔的房子，用了海尔的家装公司，家里的家电是海尔生产的智能化产品，而这智能化产品上展示的是海尔生产的内容。想想这一幕，张瑞敏的布局不仅仅是厉害，甚至有点可怕。

把这个例子细化，冲击力会更强：有人在海尔控股的青岛银行贷款；然后买了青岛同安路海尔东城国际的房子；接着，他用海尔孵化的有住网互联网家装公司进行装修；添置了诸如馨厨冰箱、智慧烤箱这样海尔生产的"网器"；馨厨冰箱里经常补充的是海尔产业金融下的牛肉和鸡蛋；休闲时，电视屏幕上播放的是《海尔兄弟》动画片……

细思极恐。

因为海尔旗下品牌的多样化，更让这种布局不易被察觉。如果张三家里用的是日本三洋，或新西兰菲雪派克，或美国GE家电，又或者是一个叫卡萨帝的品牌，其实都是同一种场景。

除此之外，在城市做快递柜，在农村做水站，更是十分意味深长的布局。这几乎是要两面出击，既拿下城市也拿下农村。做快递柜和做水站不是目的，目的是占位。

占什么位？

答案应该是社群和平台。

……

现在的海尔，已经与人们印象中那个生产冰箱、洗衣机的企业相去甚远了，但人们提起海尔，首先想到的还是冰箱和洗衣机等白色家电。不得不说舆论与现实之间的差距让人感叹。在一个公关作用影响巨大，舆论声量代表企业实力的年代，如果人们不再听见一家企业的声音，便觉得该企业不再优秀；如果人们不再知道一家企业的现状，就觉得该企业已经没落；如果人们不再关注一家企业，便觉得该企业已经退出了历史舞台；如果人们只关注一家企业的股票，那么市值就成了这家企业的全部……

对于平台与企业的区别，张瑞敏在多个场合有过明确的表述，即企业是有围墙的花园，平台是热带雨林。

在这里，我想对海尔做一个百度百科式的介绍，并且是按照传统的思路，在这里我必须不断强调，这只是便于理解的一种权宜之计，并不能完全反映事物的真相。

目前的海尔集团有五大领域，分别是商业、工业、金融、地产和文化。其中商业版块以在我国香港证券交易所上市的"海尔电器股份有限公司"为主体（即股票代码 01169）；工业版块以在上海证券交易所上市的"青岛海尔股份有限公司"为主体（即股票代码 600690）。目前海尔的主营收入来源依旧是家电。2018 年 2 月有消息传出，海尔将在德国上市，募集资金或达 10 亿欧元。如此一来，海尔将拥有三家分别在内地、香港和国外上市的公司。

　　海尔目前的组织已经脱离了原有管理模式下的部门与条线，它的主体是小微。除此之外，还有平台和领域。海尔有三类人：创客、小微主和平台主。如果硬要进行类比的话，创客相当于员工，小微主相当于部门负责人，而平台主相当于每一个版块的总经理。但其实这只是为了便于理解而做的一番曲解，因为我们的思维模式很难从科层制中跳出来，很难从我们习惯的语言表述以及名词中转变。我们通常是把整个世界纳入到自己已知的学识中进行认知。这番便于理解的解读，只是指月亮的手，而非月亮本身。

　　如果让许多熟悉海尔的人来谈海尔的特点，那海尔的特点就是"变"，无时无刻不在变。一个新的概念，一周前还在大肆宣传，一周后就有可能销声匿迹；一个新的名词，前一段时间还在进行体系化地整理与宣传，一段时间之后，就又换了另外一套说法。就拿小微的分类来讲，2017年7月之前的一段时间，小微分类是转型小微、孵化小微和加速小微，但在2017年7月之后，小微的类型瞬间就变为社区小微、创业小微和车小微。

　　有人对海尔的小微做过一个分类：转型小微、孵化小微和生态小微。[①] 我认为这个分法便于理解，且有一定的稳定性，所以拿来用了。但在海尔内部，从来没有这样的分法。

---

① 2016年2月《商业评论》刊程兆谦、宋明瑞《海尔转型成功了吗》。

转型小微是指原有的业务版块，将传统企业的部门转为小微化运作，如冰箱、洗衣机等。从数量上看，转型小微是目前海尔小微的主体。

孵化小微即原来海尔没有的业务，但是由海尔进行孵化、并在初期百分之百持股的小微，如有住网、雷神游戏、小帅影院等二十多家已拿到外部投资的小微。

生态小微指与海尔原来并无关系的企业或个人，来到海尔平台创业的小微。如湖北首富黄立，把他的普宙无人机项目放到海尔平台上来创业，通过资源合作与股权等形式组建公司或项目。

海尔原有的转型、孵化和加速小微的三分法，是一种逻辑关系，即传统业务以类小微化进行运作，这种小微化是奔着真小微的方向去的，即要成为孵化小微，当孵化小微达到一定程度，就要开始加速。

孵化小微拥有"三权"，即决策权、分配权和用人权。同时，小微的团队成员要跟投对赌。如果孵化期的小微"断奶"了，那它就出了孵化期，进入了加速期，加速小微的目标是上市。

所以从成为转型小微的那一刻起，小微内的成员就必须把这个公司当成自己的来做。

在此过程中，就会出现张瑞敏前文所说的"0030"现象，这些都是小微成员的自创，而非海尔的要求。海尔和小微的关系，是从传统的完全控制，到战略指挥，到大股东，再到一般股东的演进过程。在这些过程中，海尔逐渐退让，团队和社会资本逐渐占有一部分股份。首先，在整个过程中，团队或者小微主等主要负责人是要拿出真金白银跟投对赌的，否则这个小微不能启动；其次，在孵化过程中，如果在一定时限内，没有外部投资进入，那这个小微的命运就是被解散。

在海尔，小微不小。小微是一种新型的管理与组织方式，与规模和范围无关。如海尔整个俄罗斯项目，叫俄罗斯小微；海尔在印度、巴基斯坦等整个南亚的业务，就是南亚小微在负责。这些小微的小微主，或许就是一家中型公司的一把手。有的刚创立的小微，亦不过五六人十几人，而上述的小微，却有可能有成百上千人。

在海尔，任何一个人都可以申请成立一个小微。成立小微和创业一样，要有完整的商业计划书，要经过路演，经海尔一个专门委员会审核通过后，小微之路就启动了。但并非每个人都有领导才能，也不是每个人都有创业的想法。对此，张瑞敏曾解释过，这不是为了把人人都改造成创业者，而是要把有创业想法的人吸引到海尔的平台上来。

另外还有一种是我的理解。即在原有员工中，总有人适合创业，有人不适合创业，那么适合创业的，会拉着原来的同事，组建一支团队出来，这支团队中人人角色不一。这也是人人创客的一种形式。因为整个企业转型为平台后，小微是主体，而非小微主是主体；是每个组织变成小微，而非每个人变成小微主。人人成为自己的CEO，与人人都做CEO是两个不同的概念。

转型小微、孵化小微与生态小微的分类方法，是一种静态的现象描述分类法，不过这种分法便于许多人来理解目前海尔的状态，我也喜欢用这种分法来讲述。小微是一种充满活力的组织，所以从一开始，许多小微就不再使用海尔的品牌。例如，雷神游戏本，它的小微化之路，是原海尔员工路凯林带着另外两三个年轻人开创了原来海尔没有的产品——游戏本。经过两三年的发展，雷神已经上市新三板。而像雷神这样的小微，目前在海尔大约有二三十个左右。

但不得不说的是，海尔的特点就是变，变化之快令人难以捕捉。因为会时不时出来一个行业主，而行业主即原来的平台主；又不时会冒出来一个领域主的称呼。这让长期研究海尔的专家学者也颇为苦恼。这也是研究海尔和关注海尔的人诟病海尔的地方，因为海尔显得有些"言行不一"和变化多端。

如果仅从平台型企业与生态型企业这个维度来比较，那与海尔最为接近的一定是小米公司无疑。两家企业均已超脱了企业的范畴，演变成为平台；两家平台的核心目标几乎一致，即智慧家庭；两家企业都有着生态圈与生态收入。我不知道小米和海尔对彼此的研究和关注有多少，但在中国乃至世界的智慧家庭领域，确有两个重量级的平台在努力，那就是海尔和小米。但在管理模式上，小米与海尔不同，海尔已经是人单合一下的小微化运作了。

海尔一直是难懂的，因为你不知道它明天会变成什么样，又会有什么样的新提法。过去的似乎就是过去了，而且正如张瑞敏期望的那样，当企业变成平台、成为热带雨林以后，你甚至不能统计现在海尔有多少小微，因为每天都有小微诞生，每天都有小微死去，海尔不再是那个可控的、按园丁的战略与思路剪出来的大而美的花园。

在许多人看来，现在的海尔难懂、晦涩，甚至有点遮遮掩掩。这的确是目前海尔的现状，因为海尔是许多人前所未见的一种新形态和新物种，所以对它的认知并不那么容易。

3.02 领导力靠的不是权威

海尔几乎经历了所有知名企业必经的关键时刻：质量的生死存亡之际，服务的生死存亡之际，并购的生死存亡之际，国际化与全球化的生死存亡之际，应对网络时代到来的生死存亡之际，对任何一家企业来讲，一个坎迈不过就要倒下。这就要求企业的掌舵者必须带领所有人，从一个胜利走向另一个胜利。这中间容不得一次失败，有一次失败，再大的权威都会遭到质疑与反对；有一次失败，再辉煌的过去也将成为历史。然而，时至今日，张瑞敏与他领导的海尔一直在成功。张瑞敏对海尔的领导，靠的并非三十多年来积淀的权威，亦非海尔集团董事局主席兼首席执行官这个职务，而是一个又一个胜利。

什么是领导？领导不是一种职务，也不是一个头衔，更不是有了头衔或职务就可以命令谁、指使谁。关键是看这头衔、这职务背后的资源是否与之匹配。谁有资源分配权，谁就是领导；谁有更多的资源分配权，谁就是大领导。

权威只能短时间维持领导者自身的基本安全，权威与成功无关，更与未来无关。权威是胜利的附赠，没有胜利，就没有权威；权威好似浪花，它只是大海万千姿态中的一种，而非大海本身。

2017年新年伊始，张瑞敏面向海尔全球创客发表了《上士闻道，勤而行之——新年致全球创客的一封信》。他用简短的语言交代了海尔生命中的一些关键时刻，这些关键时刻，就是那一个又一个胜利到来的时刻。

回首海尔过往的发展，一言以蔽之，三十二载行难。

1985年，冰箱供不应求，海尔砸冰箱树质量的时候，被外界质疑，甚至被批评。但当年厂商数百家，如今仍有几人知？

1989年，海尔第一次参加"广交会"，摊位紧张少人问津，这让海尔的员工产生了一种强烈的失落感。但如果没有当年的这一步，今天国际化的海尔又在哪里？

1992年，海尔准备出资引进三洋空调技术，但对方避而不见，给钱也不愿意卖技术；19年后，海尔成功并购三洋白电。

1999年，海尔在美国建厂，当年7月有杂志发表文章善意提醒："别的企业到美国投资都不成功，海尔去了也很难成功。"17 年过去了，海尔在美国站稳了脚跟……

如果把海尔与同类企业放在一个坐标轴中来对比的话，那么，海尔三十多年的编年体历史大概是这样的：别人做数量的时候，它在做质量；别人做质量的时候，它在做售后服务；别人在做售后服务的时候，它在做国际化；别人在做国际化的时候，它在做全球化；别人在做全球化的时候，它在做管理模式的底层变革。如果以纪传体的历史脉络来看的话，海尔三十多年的纪传体历史大概是这样的：别人在代工，它在创牌；别人在讲利润，它在讲文化；别人在学管理，它在创管理。

2017 年 12 月 25 日，海尔集团创业 33 周年纪念大会提前举行。在这场大会上，张瑞敏照例发表了一番演讲。他讲到几个故事，既是对海尔 33 年来精气神的盘点，又是对海尔一以贯之的基因的强调，其中写满了海尔的文化与灵魂。

3.03 怎么做销售

创业刚开始似乎都是苦的，特别是当下，在"双创"大潮下，不断涌现出一批又一批企业，许多见诸报端的企业故事与企业家的故事，大都展现的是吃苦与不易，然而是否真吃苦，是否真不易，却是两说。知名企业家们的吃苦故事并不少见，新东方创始人俞敏洪的过往，就是不易与励志的代表。然而海尔的姿态似乎总是高傲的，很少有过往的吃苦故事见诸报端，但这次，张瑞敏讲了一个海尔创业之初的故事，这个故事便与吃苦有关。

当时，张瑞敏与他的小伙伴们需要经常去北京。只要说去北京，一行人马上就动身，是上午不会拖到下午，是今天不会拖到明天。但当时火车票是个稀缺资源，他们就买5分钱一张的站台票，上车后再补票。用张瑞敏的话来说，就是不管怎么样，目标是北京，其他一切都无所谓，都可以为这个目标让位。

到了北京也不能住好的宾馆，因为身处创业期的他们没有钱。他们住在招待所，十几个人一个房间，因为条件简陋，楼上的厕所在漏水，所以他们上厕所的时候，还得打着伞。

当时的北京有四个比较有名的商场，谁能够进入这些商场，占据优势位置，谁家的产品就可以卖得比较好。他们邀请商场的业务人员去招待所看看他们的冰箱，但人家并不情愿去，张瑞敏和小伙伴们好说歹说，终于说动了当时西单商场冰箱组的组长。当看到他们十几人住一个房间，把冰箱当作宝贝一般放在房间中间的空地上守护时，西单冰箱组的组长被感动了，被这群从青岛来的实干家感动了。

张瑞敏讲的这次经历，和南开学校的大校长张伯苓的经历颇为相似。张伯苓因公出差，坐三等车厢；在天津市内开会时，张伯苓常常是步行前往。去外地筹款的时候，他也是住最便宜的旅店，乃至出门必带臭虫药，因为他住的地方多为简陋馆舍，臭虫太多。而他所有的目标，就是为了学校筹款。在这样的目标下，其他的吃与住、行与动如何，都是无关紧要的。

3.04 怎么去学习

如今，除了我们熟知的青岛海尔外，在德国还有一家叫做利勃海尔的公司，这家公司主要生产挖掘机等产品，此外，它还在继续做着冰箱业务。

在 20 世纪 90 年代初期，我们所熟知的海尔的名称就叫琴岛——利勃海尔。这个名字，彰显着这家公司与产品的来源。琴岛是青岛的别称，利勃海尔，就是这家德国的公司。

当年还是青岛电冰箱总厂的时候，张瑞敏派员工去利勃海尔学习。但去学习的不止他们一家，还有两家来自杭州和武汉的电冰箱制造企业。三家企业最后的命运，与多年前这次学习的态度，或多或少有着一些关联。

海尔的人，似乎一直在疯狂学习，甚至学到凌晨一两点，就连周未也不休息。这样的学习劲头让德国的老师们都感觉有点受不了。

而另外两家前去学习的人，看了看，学了学，觉得不过如此，也并不复杂，学十几天对他们来说时间太长了，所以就趁机游赏了一下德国风光。

在德国老师看来，这群从中国青岛来的人，和从中国其他地方来学习的人不一样。

时间会检验学习的成果。杭州的那家厂子早已不见了，武汉的那家厂子在此后不久就被海尔兼并了。

3.05 怎么搞兼并

张瑞敏被称为第一个走上哈佛讲堂的中国企业家，海尔也成为第一家被哈佛商学院案例库收录的中国企业。这个最早被收录的案例，就是著名的"激活休克鱼"。激活休克鱼，指的是20世纪90年代海尔短期内兼并了18家企业，规模得到了空前扩张。此次兼并的特点是运用无形资产盘活有形资产，用海尔文化激活"休克鱼"，达到了盘活一家、盈利一家的结果。事后的总结看起来轻描淡写，然而当时的场面却是异常激烈，甚至几乎失控。

1989年6月，在海尔兼并合肥黄山电视机厂的时候，员工闹事了。会计的头都被员工拿啤酒瓶打破了，员工闹到了合肥市和安徽省，影响越来越大。员工闹事的原因也很简单，他们认为海尔搞的管理太严了，他们受不了。

到底严不严？严到底好不好？张瑞敏从根子上和员工们进行了理论。他认为过去上班聊天、织毛衣、喝茶、看报纸是很轻松，但结果是企业破产了两次，大家没有钱发工资。如果要讨论，那就停产讨论，讨论海尔的这种做法到底对不对，严格到底对不对。如果不对，那就恢复到原来的状态，海尔撤回去；

如果对，那就要制定具体的措施。

最后理性战胜了感性，理智战胜了情绪，全体员工签字同意按照海尔严格的管理方式去做。这件事的处理在当时引起了很大的反响，这是少有的一起职工闹事、最后通过这种方式成功处理的。

在张瑞敏看来，这其实不是海尔要求严格，而是用户要求严格。这种通过改造人的精神世界，影响人的"三观"从而实现目标的方式，一直是海尔的特色。

2017年3月，我去海尔印度调研，所见当地中国员工的精神状态与国内无异。中方员工眼中似乎只有工作，每天不断地工作；他们朋友圈发的也尽是晚上几点在黑板上讨论问题的结果和过程。他们的生活艰苦，亦难免有各种抱怨与不满，然而面对工作，他们是认真的。

董林是一名普通的工作人员，他和其他毕业十多年，只考过四级而多年不用英语的人一样，几乎把英语都忘光了。在这种状态下被调去印度，他自己想办法克服语言障碍，在不到一年时间内，他的英语水平精进，在当地工作生活不成问题。

南亚小微主宋玉军在印度和巴基斯坦之间奔波，他在两地克服各种困难时，主要还是靠不断地和对方交涉来摆平所有问题，最后达到共同认知的目标。这不得不说是海尔这家企业的底色，因为他们坚信，他们走的是正道，他们的方式是对所有人负责任的。当地工作人员学会了主动加班，这不得不说是一种文化的浸染。

3.06 特别困难的日子怎么过

做企业会遇到许多困难，特别是缺钱的时候、亏钱的时候，当缺钱和亏钱与战略起冲突的时候，怎么调整战略，怎么调配钱，这些都不是简单的问题。张瑞敏在年会上讲的这个故事，或许会对处于困难时期的企业有所启示。

从创业至今，海尔坚持的就是创牌战略。在今天青岛市的海尔园内，有一栋主要的大楼就叫创牌大楼。创造自己的品牌，而不为国外的名牌代工，这需要很大的勇气，同时也需要"亏得起"。

选择决定未来。代工有现金流的保障，有利润的保障，尽管利润可能少一点，但却是稳赚不赔。但代工企业随着时代的发展，日子也就越来越难熬，一个代工企业倒下去，再有一个代工企业站起来，代工企业一直处于被动的局面。

张瑞敏为海尔选择的路是创自己的品牌。当时国际上有这样的共识，一个品牌要在母国之外创出品牌的话，至少要亏损八年。海尔在美国亏损了九年。在创世界名牌的过程中，海尔补贴了大量的钱。用张瑞敏的话来说："算不出来，反正多得不得了。那时候我们基本上是亏到底，但我们就是咬牙创出一个名牌来。这是我们被连续九年评价为蝉联全球白电第一品牌的原因。"

路线对了，坚持就会有收获。目前中国家电市场份额在世界上占一半左右，但是自有品牌不到 3%，而这 3% 里 80% 以上都是海尔的。

以上几个故事，只是三十多年来海尔无数故事中的一些浪花而已。

以上的故事和历史，都透露出海尔的一些品质和特征。然而什么是海尔呢？

海尔是冰箱？

海尔是洗衣机？

海尔是空调？

海尔是张瑞敏？

海尔是"海尔兄弟"？

海尔是全球白电第一品牌？

······

是也不是。

人与人是不一样的，企业与企业也是不一样的。海尔的冰箱与美的的冰箱不一样，海尔的空调与格力的空调不一样，海尔兄弟的动漫与京东狗的卡通形象不一样，张瑞敏与马云不一样……企业和人一样，都有自己的基因；基因决定了世界上没有完全相同的两片叶子，也没有性格完全相同的人，更不会有两家完全相同的企业。

3.07 千言万语是文化

一个人能知道自己姓什么不容易，一家企业知道自己做什么也不容易。

有些人的基因让他可以长时间潜在水底，有些人的基因让他遇见花粉就过敏。有的企业想做成小而美，但最后却成了巨无霸；有的企业做得很成功，但没有总结出来成功点在哪儿；有的企业掌舵者知道自己的优势在哪儿，但底下人的却撺掇着他去书写另外一段传奇。并不是有钱就可以做到一切，也不是有技术就可以做到一切。你之所以是你，是因为基因与文化。

以 BAT（指百度公司、阿里巴巴集团、腾讯公司三大互联网公司首字母缩写）为例，它们共同的特点是有钱、有技术，然而发展路线却大相径庭。这就是因为基因不同。BAT 的案例对企业家们重新审视自己企业的基因来说，不啻为一种启示。

腾讯是那种做得特别猛，但不一定知道怎么回事的公司。经过多年发展，马化腾终于发现自己的名字叫"科技＋文化"。腾讯建立在内容基础之上，所以在整个扩张过程中，体育、电影等凡是跟内容有关的都收进来，而电子商务则会慢慢放在外面一圈。这是腾讯的基因与腾讯的路。

百度的李彦宏是个清醒的人，但架不住其他高管与基层的呼声。面对巨大的流量，许多人都会心动地朝着电子商务去发展，然而结果就是失败。百度外卖和百度糯米就是比较明显的例证。据一个未曾证实的消息说，李彦宏在某年年终总结时高呼，我们取得了一个伟大胜利，电子商务全军覆没，进一步证明我的正确，我们没有这个基因。李彦宏本人并不认为百度在电子商务领域的失败是坏事，这亦证明了李彦宏的清醒与对公司方向的准确把握。

阿里巴巴是一家将错就错的公司，铆足了劲往东去，最后却发现自己跑到西边了。现在的阿里巴巴已经成了一家包罗万象的互联网多元化公司，然而最开始马云是想做小而美的公司，这在他的许多言行中都有所表露。但阿里巴巴发展的结果就是越大越舒服，越小越难受。这既违背了马云的初衷，又成了他的难言之隐，但这或许就是阿里巴巴的基因——心理上的将错就错，事实上的光明大道。阿里巴巴想摆脱价格战走向更高发展阶段，这点与百度不一样，阿里巴巴是上下齐心，下面人都整天研究这个，但走来走去，恰恰走向了价格战。反倒是京东，走到提价的路上去了，但这也就是京东当年的初衷。

基因即文化。

梁漱溟在《东西文化及其哲学》中说，文化就是一个民族生活的样式。企业文化，即一家企业里人们工作和生活的样式。企业文化不是写在纸上、挂在墙上、喊在嘴上的那些用形容词堆砌起来的词句。

一般企业很少重视企业文化，即便它们言必称企业文化，但通常没闹清楚企业文化是什么。人们往往把墙上的展板、报纸或杂志这样的内刊，或者是外宣的形象，抑或是年会、员工拓展、集体活动之类的等同于企业文化。以上所述，只是企业文化的表现方式，而非企业文化本身，弄不好甚至会成为一种反企业文化的存在。

于是企业文化部门在一般企业，通常挂在人力部门下面，半死不活地存在着。企业文化这样的部门如同鸡肋，不设让别人瞧不起，因为有了来访者，总是要讲讲企业文化的；但设了不好用，最后基本上只剩表现形式，甚至还会招来企业领导自我吹捧这样的非议。

一家企业无论怎么宣贯那些在纸上、在墙上的诸如实干等企业文化，但如果整个企业员工之间用酒交流，外部客户用酒搞定，那喝酒文化才是真实存在的文化，而非墙上的那些东西。何况，企业文化应该是自然流淌的，而非提炼出来的；企业文化存在于企业掌舵者的身上，在他的一言一行中；企业文化流淌在所有员工的共同行为与共同气质中。

文化有雅、俗之分，但并无高、低之分。酒文化是俗文化，但却是一种文化。各种类型的企业文化，都可能带领企业走向成功。企业并不会因为雅的文化而成功，亦不会因为俗的文化而失败。但企业文化却有正、邪之分，正者百年不朽，邪者光亮一时；正者不见得成功，但邪者必定失败。

企业文化是风，我们看不见摸不到，但它实实在在存在，影响巨大。我们看不见风，但帽子被吹跑了，我们感觉得到它；

树被刮弯了，我们看见了它；但帽子掉了不是风，树弯了也不是风，这些都是风的一些表现，而非风本身。企业文化就是风，很难看得见、摸得着，但企业中却尽是它的形象。

企业文化是虚，我们看不见、摸不到，但有多大的虚就有多大的实。一间 1000 平方米的房子，我们用的是它的虚，而非那些横梁与天花板，但没有那些横梁与天花板，这虚也就无处安放；但如果这 1000 平方米尽是实物，那就无法使用。一个杯子，我们用的是它的空，如果没有这空，杯子就不是杯子，但如果只有虚而没有那一层玻璃，这虚也不能使用。故而没有实就没有虚，没有虚也就没有实。企业文化是企业最大的虚，也是因为有了这最大的虚，才成就了企业的有用之实。

文化是一种看不见摸不着的东西，一个人在择业的时候，会通过一些指标来衡量目标企业。例如，通过薪酬水平、工作时长、奖罚力度、是否有下午茶、母婴室等来理解一家公司的文化，然而这些不是文化的全部，只是文化很小的一种表现和显现，因为文化看不见、摸不着。但文化也是一种能看得见、摸得着的东西，看看一家企业里的员工，就能知道这家企业的文化是什么样的，因为文化是流淌在每个员工身上的。

文化同样是一面镜子。当一家企业是人力资源部门主导的时候，说明这家企业正处于高速发展期，解决人才需求是当前的主要矛盾；而当一家企业是文化部门主导的时候，说明这家企业是成熟期，优化与进化是当前的主要矛盾。

那么海尔的文化是什么呢？我不敢贸然总结，只想通过亲身的观感和思考，来讲述几个不同类型的故事。希望读者从中能找出答案，有所得亦有所鉴。

3.08 清除老人文化

海尔有车队，车队有司机，司机里有位老司机。老到什么程度？老到海尔创立前，他就给张瑞敏开车，给许多海尔的核心高管开过车；老到几十年前的海尔历史，要问他才知道，他脑子里记的，有时候比张瑞敏还详细。

按一般人的想法，一般企业的做法，这样的元老，没有功劳也有苦劳，如今海尔已经创办三十多年了，此人最起码应该当个办公室副主任，或者去党委或行政部门做个部长、副部长，总之一是要在行政部门的领导岗位，二是不能干具体的活。但三十多年过去了，他依然是个司机，一个普普通通的司机，甚至都不是司机班的小领导。

这是一个基层的例子，中高层亦是如此。

看看海尔成立时的那些元老，再看看海尔现在的管理层，人员构成几乎没有重叠。现在唯一还在管理层中的老人，或许就是海尔集团的一位现任高级副总裁。这位高级副总裁在青岛电冰箱总厂时期就已是销售处副处长、处长。然而在其居于不错位置的时候，在当年的每周一次的质量评议中没有过关，被一降到底，最后又一点一点干到现在的位置。

目前主管海尔空调的一位领导，在内部被称为平台主，即整个海尔空调的一把手。然而几年前，他就已是海尔集团的副总裁。前文已经讲过，海尔集团有五大产业，分别是商业、工业、金融、地产和文化，而空净平台，只是工业领域众多平台中的一个。他也是从副总裁变成普通中层，再到如今的平台主这个角色。这不得不说是海尔文化下的一种常态。

同样，在海尔是没有资历一说的。据我所见，没有谁是因为从世界级大公司来到海尔工作，依靠名头就能基业长青的。在海尔，某人在原公司的成就或许只和入职时的薪酬有关，与在海尔能否立足无关。

为什么会这样？

我与这位老司机交流过，他的一些观点，不啻为一种思路。

在他看来，海尔不会惯任何一个人的毛病，不会让任何一个人产生自己为公司作出过巨大贡献的心理。而且在许多单位，老人往往意味着对新人有压制，对创新有阻碍，而大胆起用新人，就是海尔没有老人文化的另一个体现。往往有老人受不了这样一直工作而无法停歇的苦，便纷纷辞职，这使得海尔的离职率相当之高，然而公司不乱，业务不受影响。这与大胆起用年轻人有很大关系。一个刚进来的年轻人，会因为自己的才能，而突然间挑起重担。这种状态下，人往往会迸发出巨大的热情和工作能力，也能突破原有的许多框框。此种创新，来自每一个人，它比领导层决策的创新要更加彻底，亦会刺激老人不断奋进。海尔没有老人的文化，其实是一种不断前进的文化。

在这方面，我是亲身经历者，我认为确乎如此。

我在刚刚加入海尔的时候，没有想过自己能接触到张瑞敏。但很快，张瑞敏有活动时，我都能以一名内刊记者的身份，或坐在屏风后记录稿子所需的要点，或是站立一旁边听边记，以便写稿所用。时间往前进一步，我的位置便发生一次变化。后来，我可以坐在非主桌的位置上；再后来，我可以坐在张瑞敏的旁边，陪同他接待那些专家、学者和媒体界的来宾。然而这一切过程是那么自然而然，不会像一般公司一样先经由职务的正式任命，也不会有任何其他形式上的改变，在事实上，却就这样一步一步发生了变化。

我刚进海尔的时候，给我的职务是海尔集团文化产业平台执行总编辑，但到岗之后却是从最基本的写稿开始，并没有让我领导的任何迹象，不光没有头衔，手底下也无人可用，更为重要的是工作没有边界。报纸、电视、新媒体、品牌公关、模式研究、主要领导的文化服务等，我都要有所参与。这让我颇为失落，因为除了薪水，其他都与应聘时的承诺是不一致的。但每有成绩，便进一步，最后我不仅负责了报纸，还负责了电视、新媒体、品牌公关和海尔模式研究院等。我的团队从我一个人，到了三十多个人。这在其他单位是不能想象的，亦是我所见的其他单位所不能实现的。

反倒是这段经历，让我对名利和工作有了新的感悟。正如张瑞敏说的"人要知道自己姓什么"，在海尔工作期间，我找到了自己，回答了自己是谁的问题。从此以后，我不会因为职务的晋升而兴奋，不会因为整日忙于具体事务而抱怨，不会因为受到指责与诘难而痛苦，反倒有一种越干越有劲的感觉。我见过许多从海尔离职的人，从他们口中我听到最多的，是感恩在海尔经历的一切。因为只要在海尔工作过，再去任何单位，他们都不会感觉到"压力"二字。

然而海尔并非净土，这世间哪有净土？办公室政治、老人排挤新人、虚假小微、欺上瞒下等现象也不是没有，这点我在第二章已有阐述。人单合一的实施，与企业领导的基因关系很大，人单合一的成败，也要看各平台主是否真的在搞人单合一。一念间就可能从传统管理到新型管理，也可能从传统管理到更为传统的管理。

需要说明的是，海尔当然有老人。许多人在海尔工作了二三十年，有人从员工到特别高级的管理层；有人当年是员工，现在还是员工。我所指的老人，是心态上的老人。

3.09 打倒领导文化

海尔的基因决定了它对某些东西过敏，对某些东西排斥，如领导。

　　领导这两个字，在海尔几乎是不能出现的，出现一次打一次，出现一次骂一次。在海尔，批评人最狠的话，大概就是"你真把自己当领导了！"这话往往不是别人说的，正是张瑞敏对被批评者说的。我刚去海尔不久的一次周六会上，就遇到了这样的场景。张瑞敏在批评一位平台主的时候，对他最大的指责就是："真把自己当领导了。"

　　张瑞敏在海尔的地位特别高，这也是外界对海尔非领导文化质疑的源头，因为许多人所见所闻，几乎都是公司上下对张瑞敏的绝对服从，怎么能说没有领导？

　　大概只有像我这样，在这里工作过的人，能明白其中的区别。

　　张瑞敏与海尔内部其他大大小小的管理者一样，都只是带路人的角色，而非领导的角色。带路人一般具有"师"的特点。老师对学生的严厉，老师对学生的权威，往往与领导对下属的严厉、权威有着本质的区别。领导多为发号施令者，而带路者多为带头工作者；领导多为最后决策者，带路者多为全程参与者；领导多为官气十足者，而带路者多为严格要求者；如果事情不成，领导多要找下属来问责，而带路者多会被下属问责；领导之于下属，多是赏与罚，而师之于生，多是恨铁不成钢。

　　在这里，我不得不重提第一章所述的，张瑞敏工人出身的底色。在早期的工厂中，工人是一个阶级，他们是平等相待的，只有分工上的区别，虽然也有着不同的头衔，但在事实上却是平等的，是没有领导的。

此外，海尔亦没有边界。条线组织结构下的企业，每个部门有自己固定的职责，不越位也不失职，这就是好的部门。通常很少有部门越位，但失职的却并不少见。如此一来，某事仅系于一部门之手，风险相对就比较大，因为该部门之成败，于全局多少总有影响。这种机制下，条块必然成为独立王国。

海尔无边界的文化与人单合一的思想相通，但却是在人单合一之前出现，与人单合一本身没有多少关联，只与海尔文化有关。

因为事情总是有交叉的，所以一件事可以同时涉及好几个部门。在一般单位，往往是各部门预见到此种情况将会发生，事先约定权责范围，日后是奖是罚，也算有个主体。但在海尔，每个部门都铆足了劲想要实现业绩，想要表现自己，想要证明自己除了目前的工作，还可以做更多的工作，所以往往会以全流程的心态去做一件事，其他部门不配合，责任部门也得铆足了劲儿去做成。所以在海尔，并不会因为你干了别部门的事而受到上级的指责。

假如我负责的品牌工作没有做好，而有另外的部门在品牌方面露了脸面，那么下次，品牌有关的事，上级有可能会交给他去做。如果他再做成了，那我所在的部门离解散也就不远了。

在海尔，每个人和每个部门都是因为有价值而存在。并不是因为有部门或人的存在而有价值，而是有了价值，才有了部门和人。海尔没有老人、没有领导、没有部门，这三者都和海尔一直以来倡导的文化有关，或者说，"三无现象"正是这种文化的表现形式。

"永远战战兢兢，永远如履薄冰"和"自以为非"是张瑞敏经常说的一些关于海尔文化的话，这也是海尔对外宣称的企业文化之一。

"永远战战兢兢，永远如履薄冰"的重点不在"战战兢兢"，也不在"如履薄冰"，而在两个"永远"。据我所知，在海尔，成绩与荣誉过去就过去了，它不会延续到未来；如果一个人在某时某刻做出了一些成绩，那么公司就会在某时某刻通过职务、金钱或表扬等不同形式进行奖励兑现。这种成绩与奖励不会进行延伸，唯一可以延伸到未来的，是一个人的能力。但如果过去的能力跟不上新的发展，那他也难以因为过去的成绩与荣誉而永处巅峰。

3.10 干掉借口文化

这是一个很老的故事，也是一个被反复提及的故事。之所以如此，就是因为直到现在，许多企业仍然做不到这一点，它们仍经常碰到类似的问题，但在最后却和了稀泥。

1988年12月，在张瑞敏砸冰箱后的第3个年头，海尔拿到了同行业的第一枚冰箱质量金牌，时任质检科科长的韩震东陪着张瑞敏去北京领奖。这本来是一件令全厂上下高兴的事，然而领完奖回来，韩震东却受到了批评。

原因很简单又很常见，因为他当时除了要陪张瑞敏去领奖，手头还有其他的活。正是因为领奖这件事，所以分配给他的另一项任务他没有完成。按说这在企业内是一个再普遍不过的现象，现在国内许多公司和组织还纠结于这类事情中。

如果一个部门的负责人，被同时分配了多个任务，那他应该把这些任务分解到部门员工的身上去，以便完成任务。这点许多人可以做到。但是如果一个员工正在忙于一项特别紧要的工作，然而又来了一项工作也是该员工分内的事，那往往管理者会让别人去做这后一件事，这几乎是一个不加思索的选择。如果一项任务从上往下分配，到这个环节，往往会推不下去，因为每个人手中都有比这件事更为重要的事，借口在企业中，是最不陌生的老朋友。

还有一个现实的悖论。领导往往是因为业务精、专才成为领导的，所以在实践中，他会详尽地告知员工应如何去解决一件事。这是自然而然的，也是对工作负责任的态度。但是往往会导致这样一种情况出现，那就是这件事如果没办成，或者办得并不令人满意，最后却无法追责。因为员工所做的一切，都是照着领导的安排做的。领导成了发号施令者，又成了过程执行者，还成了成果检验者。员工只不过是一个影子和一只手，许多事情就在这样的现实下和了稀泥。许多公司因此也成了"差不多"公司，要求的只是每个员工尽心尽力，然而员工尽心尽力了，目标达到了吗？未必。

韩震东受到批评，体现的是海尔早期处理这种事情的文化。这件事之所以广为流传，就是因为从此以后，没人再有理由与借口。就我个人的经历而言，当时每天可能有几十件事情等着处理，但我从不会推脱一件，因为都是必须要完成的；而上级也不会问我有没有人，或者有没有精力，这些不是他考虑的事。他考虑的只有一件事，那就是把事情做到最好。正如海尔另外的一个理念一样，要做就做第一；现在这个口号进化为，要做就做唯一。

在操作层面，领导其实并非不理性、不近人情。他会分析每个人的时间、工作能力等，只不过他认识的我们往往与我们认识的自己存在差异，许多人的不理解就来自于此。最后，每个人向自己要生产力，就会迸发出无穷的智慧来。这就会倒逼每个人更合理地安排事情、规划时间，想出更为有效的与供应商对接的方式，努力去争取别人的支持。无论怎么样，目标只有一个——把事做成。

我亲历的一些场景令我至今难忘，虽然这些在海尔已是普遍现象，但却让不少来访者震惊。

某次，有媒体来访，采访完毕后，对方希望能将录音整理出来，把文稿给他们一份，我们满口答应。在午饭还没结束，距离采访完毕不过两个多小时后，根据录音整理出来的文稿就已经发送至对方的邮箱，对方惊讶的表情我至今记忆犹新。然而这不是变态，而是海尔的常态。

某次，一位专家与张瑞敏在席间交谈，谈及海尔的某项改革时，专家表现出极大的兴趣。当时的地点离海尔集团公司所在地有相当距离，当天大雨滂沱，专家说这些话的时候，距离宴请结束已不足一小时。然而，就在宴席结束之际，已经有人拿着封装好的全套资料在门外等候。

这样的案例数不胜数。

3.11 抛弃人情文化

"在海尔上班是一种怎样的体验"这个知乎话题下，答案几乎是一边倒的批评，有人编了歌谣，有人写了顺口溜，有人详尽地展示了许多细节，这些回答几乎都集中在海尔没有人情味上。在青岛，海尔被称为"青岛第二监狱"，青岛的出租车司机晚上主要在海尔园周边等着拉活；有离职的海尔人，专门建群，用于声讨高强度和快节奏的工作。

海尔与阿里巴巴形成鲜明对比。马云到处在说，阿里巴巴离职的 5 万员工，是阿里的超级外援；但海尔的原则是，离职了基本上就不会再录用。阿里巴巴的员工，到处盛赞前东家；但海尔的离职员工，许多都会说到在海尔的辛苦。如果是基层员工，基本都会说到海尔没有人情味这件事。

海尔当然没有人情，这点是不用怀疑的。

我从无数人的口中和亲身体验中，体会到了这一点。从海尔出去的人，若再回公司，可能性极小；如果回来，大多数人的身份也是在线，而非在册，打卡亦是两套系统。这与一般讲究人情味的企业，大门永远为离职员工敞开，甚至原有职务与待遇也为离职员工保留形成了强烈的反差……我碰到过一位出租车司机，他是一位曾经在海尔工作十多年的产业工人，得知我是海尔的员工后，他开口就说海尔没有人情味。

人情味和另外一套目前流行的管理哲学有关，即"企业即家"的管理哲学。一般而言，许多老板和员工都希望公司能像家一样。之所以这样希望，是因为许多企业家认为，公司如果和家一样，那大家的心就是齐的，员工努力为公司，公司真心为员工，但真的是这样吗？

一家公司，给员工以"仁"，还是给员工以"人情"，有天壤之别。

就我理解的海尔，它给员工以基本的生存尊严，靠自己努力可以改变命运的平台，而非那些看似理所当然的人情。

家是什么样子，特别是泛家文化的组织是什么样子呢？著名作家韩少功在《人情超级大国》一文中描述过这种现象，这也是许多人之所以愿意把公司当做家，或者公司文化要把公司变为家的一个原因。

韩少功认为，当下的人们，常常感觉"人情淡薄"，这导致一种心理缺氧，所以他们会在新的环境里迅速复制出仿家族和准血缘的人际关系。例如，领导是"父母"，下属是"子弟"，同事是"弟兄、姐妹"。家文化带来正反两个方面的实践，正的是有饭同饱，有酒同醉，亲如一家，情同手足；反的是有话打住，有事带过，知错不言，知罪不究。

中国共产党的奋斗史与中国国民党的发展史两相比较，就证明了人情这种东西是多么的毫无用处，同时也反证了理想与信仰的重要。中国共产党是五湖四海的人汇聚在一起，为了一个共同的目标而奋斗；中国国民党则是充斥着人情，崇尚精英与出身，到处结盟拜把子，以致四分五裂，自取灭亡。在当下，个别人将怀念"民国"当成了一件时髦的事，其实他们怀念的，是那个时代某个阶层特定的脾气、人情和小性子。这与社会何干，于民族何益？这与企业管理何其类似——企业的管理者和员工们，是为了一种理想信念在奋斗，还是在强调出身与背景、信奉人情与关系，这些都是一家企业是否可以看到明天的衡量标志。

这就是授人以鱼与授人以渔的区别。企业给员工以工作岗位，还是给员工以干事创业的平台；企业给员工以各种人情，还是给员工以自尊自爱的仁。其中是两种不同的价值观。实际上，人情往往靠不住，只有自强才可赢得自尊，只有自强才能赢得人情。海尔的文化是击碎一切"高大上"，击碎一切粉饰。海尔文化是对人之所以为人的尊重。没有人能惯着你，没有人能宠着你，只有自己才能成就自己。

现在的海尔已经发生了很大变化。因为现在海尔采用的是小微化的运作，和原来那个"大一统"的企业文化已经不一样了。每个小微可以有自己的文化，每个小微也必然有自己的文化。

对于这种无人情文化，也有人有与我类似的观点。知乎上一个署名"周正"的人讲述了自己的经历。他认为，海尔是个和舒服不沾边的公司。他在海尔工作三年多，没有一天是舒服的。无论是办公环境的简陋，还是压力的巨大，都让他时刻紧张着。但就是在这种情况下，他的团队从四个人扩张到八十多个，他涉及的领域也一下子多了五六个。而他离职后，身价翻了三倍之多。

3.12 挑战常识文化

去海尔采访，对所有媒体来说都是个不小的挑战。如果事先设定了路子，海尔一般很少按你的路子来；如果你想采访一些与常识有关的话题，海尔的回答往往挑战你的常识；如果你不加以限制，任由其发挥，又或者事先没有做多少功课的话，你根本听不懂海尔在讲什么，不仅因为海尔的许多词汇与语言会让你晕头转向，更因为那些挑战常识的思维。

质量就是一例。海尔对于质量的认知，已经挑战了我们一般人的常识。

一个产品质量好不好，一般指是否容易坏，如果这个东西不掉漆、不掉色，功能不衰退，能用很久，在我们普通人的思维里，这个产品确实是质量好的代表。但张瑞敏代表的海尔，其质量观却有狭义、广义之分。

一次，有记者采访张瑞敏，询问他关于质量的问题。张瑞敏抛出了他的质量论。在他看来，质量有狭义和广义之分。狭义的质量指产品出厂时符合标准，质量管理体系符合全面质量管理体系；而广义的质量，取决于用户的定义。在他看来，质量应该是由用户定义的，一件产品再完美，再无懈可击，但如果对用户来讲并没有满足他们的需求，这样的产品就是不符合质量要求的产品。他认为，质量针对的应该是一个体系，而不是一种产品，这种体系，售前、售后乃至员工素质，都包含在里面。

这种挑战常识的回答，让记者颇感无奈，只得再把话题拉回到三十多年前的砸冰箱，否则这次选题就泡汤了。

关于企业的社会责任，海尔同样挑战了常识。

一次，由哈佛大学教授、世界银行学者等联合组成的一个项目组，对张瑞敏就一个宏观问题进行了访问。这个项目组已经访谈了包括西门子、宜家等公司的首席执行官，而在张瑞敏这里，他们得到的回答颠覆了他们原有的思维。

学者们问张瑞敏，你所认为的目前全球最急迫的挑战是什么？

张瑞敏认为，最急迫的可能是环境污染的问题。而解决这个问题，与企业的社会责任密不可分。

张瑞敏认为，目前流行的企业做公益，或者企业尽自己的社会责任，一般都是从企业的收入中拿出一部分钱来，捐助给社会相关机构去消除污染；或者企业本身在生产实践中注重对于污染的处理。但他认为这些都是表面功夫。他所谓的企业的社会责任，是一种价值共享的思路，把各方的利益放在一起去发展，去公益，去尽企业的社会责任。否则，有的企业一边做危害社会的事，赚很多钱，然后又拿着这些钱去捐助社会，这种公益与责任又有什么意义。

在公益与社会责任方面，海尔建了许多希望小学，也做了许多传统公益捐钱、捐物的事，但海尔已经在践行张瑞敏上述的公益之路了，海尔已经把社会责任和时代联系起来了。

简单地说，目前海尔的社会责任，有别于其他企业纯粹捐钱、捐物式的社会责任，而是一种以共享和社群为路径、以共创共赢为目标的新型社会责任模式，该模式同时包含着传统的捐钱、捐物方式。海尔的社会责任，不再是传统时代的社会责任，而是物联网时代的社会责任。

如果一个企业在创造价值的时候损害了社会环境，等有了钱再去捐钱改善环境，这样的社会责任就毫无意义。物联网时代的社会责任，要和物联网经济的两个特征——共享经济和社群经济联合起来。共享是以更少的资源创造更大的价值，这样环境破坏与资源浪费就会得到遏制；社群就是让用户参与进来，使用户价值快速得到体现，这样重复生产就会得到遏制。

海尔重新定义了社会责任，它把社会责任融入发展之中。

3.13 集开会文化之大成

海尔文化还有一个特点，它把一件事干到了极致，这件事是许多人和组织瞧不起、认为是浪费时间浪费生命的一件事——开会。

开会和管理一样，是个看起来门槛极低、但做好却特别不易的事。如果一家公司就人力、品牌等方面的工作向众人征求意见，那么几乎所有的人都能提出几条意见建议。因为这些话题门槛极低，是人都能说上几句。如果一家公司就网络改造征求意见，那么会出现发言者寥寥的现象，因为这里有着天然的技术门槛。但在生活中，最简单的其实是最难办的，大家都会办的往往是大家都办不好的。

开会如果能开好，一家企业的文化和战略就能贯彻落实；如果要改变企业文化，那么开会就是最好的突破口。因为它简单又实用。

赵武灵王改革，首先就是从穿胡服改起；商鞅变法，首先从搬木头开始。穿胡服国内空前反对，搬木头众人将信将疑，往往改变形式的东西、最简单的东西、不用流血的事情是最难的，然而历史的经验又告诉我们，人们往往因为这些不流血的事流了血。因为这些才是文化的体现，并且是文化起作用的体现。如果能从最简单的开始改变，就能改变一个人和一家企业的灵魂。

开会之所以难，是因为许多公司把开会这件事的定位定低了。开会最大的目的就是统一思想，让全体成员充分认识和理解战略，把思想统一到战略上来，这样做不成事也难。

就开会的秩序而言，一般单位能做到会场秩序良好已属不易，但会议上部署的战略却不能有效推进，因为战略部署在会议上，而战略实践却在会议外。

就参会人员与开会的频次来讲，企业的最高负责人一般很少参加会议，或者每周参加一次小范围的高管会。但在海尔，集团层面一周三个会，张瑞敏都会参加。这三个会分别是星期一的集团战略会、星期三的小微样板会和星期六的平台主会议，主要目的是调频，即通过具体的事，把所有人的思想与行动调到统一的频道上来。这统一的频道，就是当前的战略。

开会就得讲规则。开会是一种仪式，仪式就一定要有仪式感。在海尔，参会者都是要有桌牌的，就算大家熟到不用睁眼睛光听脚步声都能分辨出是谁来了，也不能省略桌牌。这是一种精神层面的规范。开会还要有座次。除了极个别人的座次固定外，其他人的都是变动的。发言者，此次会议上相关问题的讨论者，总是在最前面的。这就是变与不变的辩证。

　　发言也是个学问。在海尔汇报工作，其中有一条很重要的原则，即结论先行。这和新闻的写法一样，遵循倒金字塔法则。不重视开会发言的问题，直接导致了许多公司的会议总是不成功。有人一上来就先从背景开始讲，如讲养猪的办法，就先从猪是什么开始讲起，讲着讲着，都忘了主题；有人说了大半天，但就是和主题无关；有人从东讲到西，从南讲到北，就是没有结论。

　　德国著名哲学家叔本华的一段论述，讲出了发言背后的深层次问题。他认为，具备一流思想能力的人带有的特质标记，就是他们所做的判断都直截了当、绝不含糊。他们所表达的东西是他们自己思考的结果，甚至表达其见解的方式也无一例外显示出这一点。因此，这些人在思想的王国就像王者一样具有一种王者般的直截了当；而其他人却迂回拐弯、顾左右而言他……相比之下，思维庸常之人，头脑受制于各种各样的流行观念、权威说法和世俗偏见；他们跟默默服从法律、秩序的普罗大众没有两样。那些热切和匆忙搬出权威说法以定夺有争议问题的人，在请来别人的思想、见解作为救兵时，的确是洋洋得意，因为他们无法求助于自己的理解和观察——这些是他们所缺乏的。

　　开会是虚的，却可以转化成实的。在 2017 年的一段时间，海尔将每个参会者在会上的表现与会下的实践结合起来，到年底进行考核，给许多人的升迁指明了一条路。通过会上的战略调频加会下的战略实践，使得企业战略可以直接贯彻到每个员工身上，实现整个企业一种声音、一条心。

在此，不得不提到中国共产党"八项规定"的政治智慧。

改革不是一上来就增减部门、调整人员、规划产业、气吞山河、投资万亿等。这些动作太大，牵扯面太广，做起来很难。

但"八项规定"恰恰是从领导视察不高接远迎，不送月饼、不送贺卡等最基本的问题抓起。这种规定许多人不当回事，不当回事就会出错，出了错就要处理，处理完就会风清气正，风清气正了，干事就有了基础。抓出风气后，再进行组织调整、人员变革就自然而然了。

从"八项规定"开始进行的反腐，显示了高超的政治智慧——从最不起眼处、最细微处着手，最后却取得了深广的改革成果。

历史上这样的故事不胜枚举。

汉代的冒顿就是一个改造文化的高手，同时也是拥有高超智慧的政治家。为了走上权力的巅峰，他选择了一条最普通不过的路——射箭。

冒顿发明了一种响箭。训练部下骑马射箭时，他下令说："凡是我的响箭所射的目标，如果谁不跟着我全力去射击它，就斩首。"首先射猎鸟兽，有人不射击，冒顿就把他们杀了。不久，冒顿以响箭射击自己的爱马，有不敢射击的，冒顿就把他们杀了。过了些日子，冒顿又用响箭射击自己的心爱的妻子，有人不敢射击，冒顿又把他们杀了。过些日子，冒顿出去打猎，用响箭射击单于的马，左右之人都跟着射。于是冒顿知道他的改造成功了。当冒顿跟随父亲头曼单于去打猎，用响箭射向头曼单于时，他左右的人也都跟着把箭射向头曼单于。最后冒顿的目标达到了，他自立为单于。

开会不仅仅要往下走，把战略分解并落实下去，开会还要往上走，走到每个人的心里去。

如果让你不断诵读一个人的名字或者称号，你一定觉得特别奇怪；如果让你不断歌唱一次会议记录，那你一定认为是天方夜谭。但当你念阿弥陀佛的时候，就是在诵读一个人的名号；当你诵唱金刚经的时候，就是在唱诵一次会议记录。

根据北京大学李四龙教授的观点，每部佛经其实都是一次会议记录。佛经的序分，就在讲此次会议的时间、地点、人物和主要议程；而正宗分，就是在讲此次会议形成的共识和决议；第三部分流通分，讲的是与会人员听完后都很高兴，表示要坚决贯彻会议决议。佛经最后的八个大字"皆大欢喜，信受奉行"，大概就与我们的"认真贯彻落实本次会议精神"类似。

我们现实中的会议，特别是企业中与管理有关的会议，如果能做到这一点，那战略的传递与文化的传导，就会深刻且成为经典；教育员工、激发员工的过程便不再是枯燥的，也不再是无效的。如果能让会议决议在企业内部广为"传唱"，那这样的企业定能在企业史上留下一笔，这样的企业家就会成家成派。

要想让会议决议像佛经那样改造人心，须做到以下几点：

一是所做之事要正，要符合大道，不能伤天害理，不能损人利己。即企业的目的，是要为社会服务，从而与社会交换。正如毛泽东所言，我们共产党人是敢于把自己的主张和建议公开的。之所以敢公开，就是因为这目标是正的目标。无数企业都号称为了社会作贡献，为了用户去服务，然而在许多方面却畏手畏脚、遮遮掩掩，这都是由于其目标和目的中有不正的事情。正与不正，还暗含着企业与企业家的自信，即是否认为自己所作所为之事是对的。

二是要有企业家精神。企业家不仅仅是领导角色，还要扮演"师"的角色。在中国社会，自古以来，只有君之实与师之名集于一人之身的时候才能产生特别强大的力量。因此，企业家不仅要成为带领员工奋斗的人，还要成为能为广大追随者提供精神资源的导师。如果单纯地靠智库、外脑或是其他主义或思想，那这样的企业家一定成不了领袖级的企业家。

三是企业家对于企业文化的认识。如果没有对于企业文化的深刻认识，没有文化灵魂论，那么无论他的企业规模多大多富有，也不能称为企业家。

3.14 反对文化侵略

许多公司的员工与高管都头疼于这样一件事，那就是老板的想法天天在变。今天说这样一个事，结果还没到明天就变了，到了后天整件事甚至会变得面目全非。

与其吐槽，不如接受。无论面对怎样的变数与压力，最好的方式就是接受。

在生活中，有一个"按摩原理"。人去按摩的时候，按摩师总叫你尽量放松，然后他再用力，此时你会感觉到一些不舒服，但正是这些不舒服最后让你变得舒服。如果你不放松，身体用力，那就是按摩师的力量与你自身的力量在对抗，最后不仅起不到按摩推拿的作用，反倒会让自身受伤。还有一种情况，就是你放松了，但按摩师也没有用力，你在整个过程中，没有感觉到任何的疼痛，可想而知此次按摩是失败的。

这个道理太简单了，去按摩过的人都懂，但放诸生活的其他方面，可能就难懂了。这和工作中的压力其实没有多少区别。工作中的压力就是自身成长的动力，如果产生对抗，往往是员工本人受损更多一些。

接受老板想法的多变，只是其中一个方面。如果碰到海尔这样有独特企业文化，还有一大堆术语与管理学词汇的企业，还要接受这些词汇的变化。

在海尔三十多年的管理过程中，用过各种各样的管理术语。套圈、换道、事先算赢、日清等专有名词接近几百上千。然而有变就有不变，其中全流程、还原、显差、关差、接口人、事先算赢、抢单、目团机、倒逼、还原、调频等术语，都是海尔多年以来沉淀出的企业管理关键词。这些词汇里包含着海尔操作层面的管理智慧。这里我稍作解释，以供借鉴。

"调频"就是把每个人、每个业务单元都调到集团战略这个频道上来，这主要是通过会议与文化等不断强化来实现的。

有了战略就要落实，就要进行业务分解，接着出场的就是"目团机"。一件事的目标是什么，是需首要回答的问题，回答了这个问题之后，还要问靠什么样的团队去实现它，接着就是机制保障，实现了怎么样，没有实现会怎么样。

贯穿整个干事创业的是"全流程"，即某事如果需要其他部门协同与配合，就算其他部门协同与配合出了岔子，这账也不能算到他们头上，而是要算到目团机的团队头上。因此如前所述，在海尔是没有理由的，这与目前政府所流行的首长责任制有类似之处。

再就是"倒逼"。目团机已经确定后，如果某一个部门走在了前面，而其他版块还未完成，那就要倒逼他们完成；如果某个环节的业务因为领导的决策或协调而没有完成，那就会出现员工倒逼领导去做一些事的现象。这不同于一般意义上的等着领导做完再去做，那样往往会什么也做不成。

如果事情最后还是办得不尽如人意，那就要"还原"，还原整个过程哪儿出了问题。

有问题，就要"关差"。关差就是消灭这些问题，"差"在哪里，怎么能关掉。之后就会出现新的目团机，而相应的人，则要进入"还原池"……

诸如"显差"和"关差"这样的行为，相当于每天做自我批评，同时自己提整改意见。这是一种特别高超的管理方式，但这也同时让员工的自信心和人格受到打击。能留下来的人，可以抗击一切击打。

上述这些都是海尔集团三十多年来积累和发展出的工具，其中没有复杂的公式，没有高深的理论，但它们构成了海尔的方法论，让海尔三十多年来保持着活力，跟随着时代。

在海尔，反对文化侵略不是一件小事。这种文化侵略有的时候并不那么显而易见。如"新零售"这个概念在海尔就是被指责的，因为在张瑞敏的管理思路里，新零售已然落后了，电商时代即将过去，未来将是社群交互与大规模定制的时代。

还是以新零售为例，当它从一位企业家的口中说出，经过媒体渲染，便成了一种社会现象。如果不细加考虑，许多人会认为这就是整个社会零售产业的发展方向。一部分企业会照搬照用，不加思考，因为思考的环节已经由那些概念提出者完成了；另一部分企业则将之改头换面，不用新零售，而是创造一个新的词语，再多赋予它几种其他的意思，但本质上其实没有改变；还有一部分企业，先分析时代，再看其他人的思想最后通过自己的判断，找准自身的特点，走自己的路。这点在海尔表现得特别突出。在本章的最后一个故事里我们会讲到，海尔未来的生产变革与渠道变革摹画了与现有的实践与理论都不一样的场景。

所以反对新零售这样的文化侵略，是海尔文化中特别关注的一件事。在实践中，如有业务版块使用新零售的说法与思维去推进业务，就会在海尔人的报纸上受到批评。而这种批评，就具有广泛的警示作用。

3.15 脱胎于车间，革命在网络

海尔文化脱胎于车间，革命在网络；在车间中长大生发，在网络中自我革命。车间文化是生产文化的一种。不同的环境产生不同的动植物，车间文化也有自身鲜明的特点。

车间文化的特点就是没有领导。有的只是工长、段长，他们一般是干活干得最好的。

车间文化的特点就是没有人情。机器是会吃人的，如果讲人情，那么就会出事故，所以在车间里，人情是害人的。人情可以在车间外，在其他地方，但不应该在车间内。

车间文化的特点就是没有老人，只有师徒。车间里，拼的是技能与精力，看的是效率与合格率。所以老人不管用，只有领路人才管用。

车间文化不是办公室文化。车间文化在事实上造就的是紧张严肃的文化，是扑下身子、甩开膀子、迈开步子、瞪起眼来的文化。办公室文化则是一种斗争文化，是一种刚柔并济、趋利避害的文化。文化是选择的也是被选择的，因为操作稍有不慎，机器就会吃人；然而无论怎么"作妖"，写字楼里的办公室一般是不会塌的。

然而，车间文化也有另一面——人是机器的延伸，不需有自己的思考，人永远是一颗螺丝钉。车间文化如果搞不好，就会出现负面的文化，即磨洋工文化、推诿扯皮文化。上班磨洋工，下班打冲锋；为了家里事，整天找领导。

人单合一之前的海尔，就是摒弃了车间旧的不好的文化，继承了车间共同的正的文化，奠定了自身的文化基因。

但无论如何，工人的车间文化都与知识分子的办公室文化大相径庭。车间文化里出来的人，即使进了办公室也不会侈谈下午茶的。然而办公室文化里的人，同样也是体会不到车间里产业工人的感受的。

海尔从车间起步，从工厂发家，从办公室走向世界，然而海尔执行力文化的底色，却来自于车间。海尔的这种文化决定了它的气质，也就是说，对勤勤恳恳的人与工作狂人来说，海尔就是他们的乐土。海尔的基因与气质，决定了它会吸引这样一批人来到这儿，并且成为骨干；同样，不能适应这种文化的人，就会离去。

然而车间在互联网时代被改造，车间文化也在互联网时代被革命。随着海尔的变革，原本强大的执行力文化逐渐被侵蚀，张瑞敏对此又爱又恨，这种复杂的感受，纠结地流淌在他的言行举止中。他明白未来的路，但也惋惜即将逝去的好的东西；他知道未来更好，但对执行力文化，他也有很深的感情，难以割舍。

海尔这家企业已经成了平台与生态圈，小微成了主体，每个小微有每个小微的文化，海尔文化也就成了一个万花筒式的文化。你管不着，也没法管。尽管如此，许多小微身上仍然有执行力文化的影子。这是令人悲喜交加的一件事，也是变革中的一种无可奈何。总之，所有的东西都随着时代的变化而变化，没有基业长青，没有一成不变，有的只是跟随时代的脚步。

3.16 007号业务员

在本章最后，讲一个007号业务员的故事。

这个故事对所有的企业来说都是一部活教材，因为这里有企业的日常和生死存亡，有一个员工的成长过程，有一位企业家眼光的超群体现，有公司上下理念不一致时的纠结，有整个中国家电业甚至整个生产制造行业渠道演变的历史。这个故事中写满了创新之艰难、文化之重要以及企业家精神之必需。

1991年，成立7年的海尔第一次往销售队伍里招了几个大学生，其中一个名叫李华刚。他是个毕业于华中理工大学（现华中科技大学），进入了销售团队，成了海尔的第7名业务员，称为007号。这之后，他参与并见证了中国整个家电业近三十年的渠道变迁。

从改革开放之初到 1996 年之前，中国所有的家电企业几乎都采用批发模式。在一个城市，家电制造企业找到当地主要的国营商场，把货批发给他们，仅此而已。剩下的就是商场的事了。如果在全国找 34 个经销商，每个经销商卖 100 万元，那当年整个企业的销售额就是 3400 万元，并无多少悬念。

商品卖给谁、用户用得怎么样、渠道成本怎么样都不是经销商需要考虑的事，他们唯一要做的，就是零售或者把货再批发给其他商场，只管吃差价。亲历过这个时代的李华刚，把这个时期称为乘法时代。

在当时，007 号销售员李华刚，主要的职责就是收钱。他负责成都、重庆、云南、贵州和广西五个省和直辖市的销售。李华刚背一个包，每个月到每个地方晃一次，把钱一收，然后做计划，计划一做做几个车皮，然后跟总部把计划一报，总部把车皮发过去,至于商场怎么卖和这个销售人员没有多少关系。整个海尔集团，六七个业务员就能干完全国的业务。

变化发生在 1996 年，张瑞敏准备自建渠道，他要直接服务用户。

但张瑞敏的这一想法却遭到了销售团队的反对。因为日子太舒服了，许多人觉得没有必要去改变。"我是尤其反感这个行为。为什么呢？因为货很紧张。大商场都不够卖的，大批发户都不够卖的。这时候我们突然不收这个大钱，非要到县里面做这些小户，不理解。而且那些小户还不愿意卖。那么多牌子就卖你一个牌子，你垮了我怎么办？而且海尔还有很多要求和规范，小户也不愿意干，我们还得额外给补贴。那时候我们放着大钱不要，还额外补贴挣小钱。"李华刚说，"要不怎么说他是教父级企业家，我们反对他的许多主张，但最后的事实证明他都是对的。这个渠道到今天为止仍是海尔所有渠道的基础。1996年第一家店开业，谁能够想到现在有好几百亿的渠道。这是那时候的第一个差异化。"

和世间大部分的事一样，没有一帆风顺的。张瑞敏力主的直营店一上来就遭遇了挫折。全国十个直营店，每个店都是海尔占一半股份，合作伙伴占一半股份，一年之后这些店全部亏损。

后来他们悟出一个道理，店老板必须是真正的个人老板才行。所以后来所有的海尔专卖店都不再有海尔的股份了，全是当地的个人老板自己的股份，是真正的SBU（战略业务单元，Strategic Business Unit）。这些直营店就是独立的经营体，海尔服务好它，它服务好用户。

虽然开始自建渠道的试点，但商场依然是主要的销售渠道之一。在当时，所有卖场的家电是按产品类别来摆放销售的，不分品牌，所有品牌的洗衣机放在一起卖，所有品牌的冰箱放在一起卖……这和当时国外普遍的做法一模一样，似乎全世界的卖场都在这么干。这于是成了一种自然而然、理所当然的事，没有人想着要改变。

然而此时，张瑞敏又开始了渠道变革的第二招——建店中店。

张瑞敏想在商场里开店中店，他想把海尔所有的产品集中在一起来卖。

此举再一次遭到了众人的反对。李华刚提起当年的事情，记忆犹新，他说："要不然说张总伟大，这件事我们也是坚决反对的。冰箱不在卖冰箱的地方卖，洗衣机不在卖洗衣机的地方卖，空调不在卖空调的地方卖，非合在一起。我们当时觉得这个主意不好。但实践证明，海尔品牌靠这一招就鹤立鸡群了，因为其他的品牌都找不着，只有海尔有自己的形象，所以海尔的店中店一度成为商场里的一道风景。"

接着，张瑞敏在店中店模式创新的基础上，派驻了直销人员。他有更深层次的考虑——不光要卖产品，更要知道用户的体验是什么，用户对哪些满意，哪些不满意。直销员模式被各类厂家沿用至今，但鲜有人知道，这是海尔的一个创新与发明；更为重要的是，张瑞敏此举并不单纯为了售卖产品，更重要的是在为用户的体验服务。

接着，张瑞敏又开始了渠道变革的第三招——体验式营销。

在当时，所有摆放在商场里的产品，都只是产品本身而已。冰箱摆在那里，用户打开看不到什么东西，只看到一个单纯的冰箱。其实用户需要的不是一台冰箱，而是食物的保鲜与冷冻储藏；用户要的不是一台空调，而是温度适宜的空气。于是，海尔把机器收拾得干干净净，开始在机器里做演示，摆上新鲜的水果、蔬菜，用演示告诉来购买的用户冷藏十天以后的效果。海尔通过演示的方式，把产品的价值形象地传达给了消费者。

直营店、店中店、直销人员、演示与现场体验……这些当下我们司空见惯的销售渠道与销售模式，在当时却是莫大的创新，并且这种创新一直沿用并影响到了现在。

张瑞敏没有停下来，他继续变革第四招——售后电话。

1996 年底，继以上三项改革之后，海尔设立了尾号统一为 9999 的售后电话，这还不是免费的 400。这次出师与之前一样，依旧不是那么顺利。在刚开始的时候，电话一天也响不了一声。有人打来电话，不是沟通而是教育。用户反问这个电话有什么用处，指责说纯粹就是浪费钱。但张瑞敏坚持下来了。从此，海尔有了第二条用来衡量用户体验好不好、产品好不好的渠道。在这之前，只有维修部的说法、经销商的说法，唯独听不见消费者的声音。"这是中国家电界乃至企业界第一条用户热线。"李华刚谈起当时的改革，言语中充满着自豪。

以上四条，标志着渠道从乘法时代走向了加法时代。加法时代，就是直接了解终端用户的感受，给终端用户提供服务，砍掉批发商，建立起自己的分销渠道，建立自己的专门形象，建立自己跟用户见面的通道。

海尔至此，奠定了中国白色家电第一品牌的地位。

在张瑞敏就渠道进行变革的期间，他在全国成立了八个销售公司，按业务版块分为冰箱、冷柜、空调、洗衣机（分波轮洗衣机和滚筒洗衣机）、热水器、小家电、彩电共八个版块，核心目标是占住市场份额，挣到钱。

公司充分授权，体系灵活作战。李华刚负责全国小家电的销售，他和其他几位销售公司的负责人一样，公司没有派人力，财务也听命于他。"我们的权力大得没有边，但我们的激情也高得没有边，天天加班到晚上十一二点。有一个笑话叫张总一拍桌子鸡飞狗跳，我们干活的八个人正好都是属鸡、属狗的，那时候都二十八九岁，我是属鸡的。张总肯定不知道这种说法，这是我们底下开玩笑说的。我们那时候年轻，被信任，我们就想干好这个活，真是精力无限，不知道什么叫累。海尔的加班文化不是领导逼着的，而是发自肺腑的。"李华刚这位司龄近三十年的老员工讲述的这段故事，或多或少有海尔的基因在里面，那就是解放人。这也是对加班文化的正能量解读。

然而好日子并不长久。有的销售公司应收账款太多，有的队伍庞大而效率低下，于是张瑞敏又出手了。改散养为圈养，收了他们手中人事与财务的权力，而且在销售方面加了一条，必须现款现货。

现款现货是一件很难的事情，许多企业如今也未必能做得到。对现款现货的意义，许多人仅是从财务角度去思考，不一定有张瑞敏这般的思路。

"张总说，为什么要现款？不是强迫客户，而是逼迫你们这些人。当你的商品比别人卖得快，当你的商品卖得比别人赚钱的时候，他钱早给你准备好了；但如果你这些东西都不好，不要钱先把货给人家又能怎样呢？我觉得说得太好了。于是我们想办法帮客户多卖，想办法让客户赚钱。后来江湖上形成规矩了，别人家都是可以欠的，但海尔的必须现款。这就是现款现货，这就是良性循环。那个时代整个江湖上只有海尔一家这么干。"李华刚每说到一个关键时刻的时候，总不忘感叹张瑞敏的远见卓识："事实证明老板又搞定了。"

纵观张瑞敏的企业治理思想，一成不变的是，他永远随着时代的变化而变化，并不会固守某一制度或方式，总是灵活应对，该放则放，该收则收。

形势一片大好，大家志满意得，然而时代不会总是眷顾某个人，没几年，风云突变，狼来了。

2000 年前后，整个渠道发生了历史性变化。以大商场为主力的传统渠道被连锁店迅速替代。国美和苏宁开始席卷全国，带来了一批地区性连锁渠道的崛起，几乎每个县、每个市都有一个当地品牌的销售连锁店。中国家电界的代言人不再是张瑞敏，取而代之的是黄光裕和张近东。作为首富的黄光裕频频出现在媒体上，高歌渠道为王的法则。

国营大商场是不考虑经营绩效的，核算非常僵化。2000年初，李华刚从西南调到武汉，武汉一家商场的库房里，竟然有 10 台 1989 年生产的海尔冰箱。12 年了一直处理不掉，一处理就亏损，但放在里面是保值，因为账面上还值这个钱。他们不在乎效率，但连锁店不会。在那个时候，传统的商场渠道基本上都灰飞烟灭了。

这对家电制造业来说是一次巨大的考验。摆在海尔面前的有两大难题，一是如何与连锁渠道合作，二是如何应对连锁渠道的快速扩张。

新事物的强势，逼迫几乎所有的家电企业开始走上这样一种循环，那就是服务好渠道，按渠道商的要求来做，降价、放政策、打价格战。被人绑架的滋味不好受，更要命的是，专卖店在连锁店的进攻之下，一半被打死，一半被吓死。有人听说国美、苏宁要开店，就先跑掉了。中国家电企业在此轮被国美与苏宁打成了半个残废。

在之前渠道变革的辉煌业绩上，在当下连锁渠道的迅猛攻势下，张瑞敏又一次进行了重大变革——做四张网的平台。

第一张是营销网。一是变原来一县一个专卖店的格局为县里需要几个就设几个的格局；二是从县城下到乡镇，在每个乡镇建立海尔的标准店。海尔中全国 2000 多个专卖店扩展到 7000 多家店。全国 3.6 万个镇 64 万个行政村，海尔铺了 15 万个村，有了 28000 个乡镇店。李华刚把《乡村爱情》里谢大脚开的那种超市发展成村级联络站，这叫做营销网。也就是说海尔任何一件新产品，要想把它卖下去，一个礼拜就可以卖向全中国。营销网很好地解决了服务不到位的问题。

第二个是物流网。在这之前，经销商一个月订一次货，每次送货都是满满几车，因为一台或者几台从成本上考虑，是没法送的。但营销网铺开之后，有的店就需要一台，而要不了一车。所以当营销网都起来的时候，海尔将点对点的物流变成班车制的物流。在一条线路上布着许多网点，把凑够一车发货改为一条线路发货。每天这一条线路所有客户都在要货，出去一满车，回来就是空的。

营销网与物流网是紧密配套的，然而有了这两张网，依然不够，因为经销商订货也是个问题。于是第三张网开始了——信息网。

海尔研发了专门的体系，一是和经销商不用再当面交易，省去许多周折；二是经销商不用像原来一样，一次进许多货放在仓库里售卖，现在可以按台进。"今天需要几台，明天需要几台都可以，天天上网去查这里有几个你就进几个。"李华刚说，"我们的交易频次，一个客户一个月可以做十多次，以前一个月也就做一两次生意。"

最后一张网，是服务网。以前一个县一个维修点，往往还不是专卖店开的，服务能力跟不上市场的需求。2006年，海尔在渠道变革上推行了售后服务一体化，首先销售网点必须具备服务能力。其次是售后下到乡与村。安装到镇，维修到县，县级店具备维修能力，乡镇店具有安装能力。

　　以前做乘法，收的是整钱，总量并不高；加法时代，客户数量非常大，虽然每一笔回款都很小，但总量却非常高。

　　即使如此，但下一场大变革还是来了。虽然连锁的渠道依旧很好，但移动互联网来了，电商又把连锁冲击得七零八落。昔日的国美、苏宁或者落寞了，或者往电商转型了。家电行业的代表人物，又从黄光裕、张近东成了刘强东与马云。不仅仅是家电，刘强东与马云成了整个零售业的代表，也成了未来和趋势的代表，他们的形象与其他互联网的企业家一起，取代了之前所有企业家的形象。

　　这次，张瑞敏开始了全面且持久的改革——人单合一。他超越互联网，开始布局物联网时代。张瑞敏再一次开始了对渠道的颠覆。

　　张瑞敏认为，电商只不过一个无限供应的货架，用户是在海量的产品中选择自己所需的产品，但没有实现用户的个性化需求，用户只能在电商的海洋里选择一个和自己需求最接近的产品，而且这要花很多时间。现在海尔在做的，就是为用户进行个性化定制。

　　在张瑞敏的理论里，传统时代是单边市场，只是产品交易，而互联网时代是多边市场。尽管互联网是多边的，但电商仍然只是交易，而张瑞敏与他的海尔要做的是交互。交易和交互最大的不同是，交易是提供了很多东西让用户选择，所以把实体店给干掉了；但是，交互的理念是"用户等在那里，我给你服务"。

在张瑞敏看来，物联网一定会战胜移动互联网，或者说，互联网的延伸是物联网，物联网是互联网时代下一个重大的机遇。

COSMOPlat与顺逛，就是当下海尔渠道变革的又一创新之举。

COSMOPlat是海尔的发明创造，这个平台是一个用户驱动的实现大规模定制的平台，追求的是高精度下的高效率。用户可以全流程参与产品的交互、设计、采购、制造、物流、体验和迭代升级等环节。

之前的产品是设计好再制造，制造好再交付，而COSMOPlat是把交付放在设计前面，用户可以全流程参与自己所定制产品的体验，所以与用户的交互就特别关键。

海尔以制造大数据和用户大数据为依托，通过众创平台，去实现用户对于产品的交互、设计、定制等体验。从平面的数字动画体验，到VR（虚拟现实技术）的体验，甚至以后还会有气味的体验。

如今在售的海尔儿童洗衣机、儿童空调、儿童冰箱等，就有300万精准用户的支持，这背后是数十万人的创意交互。这数十万人的交互结果，形成了八个应用场景。例如，儿童洗衣机对消毒要求比较高；小孩睡着了，空调应该调整到什么样的温度和什么样的风力送风、送到什么部位，这些都是交互出来的结果，而不是原来单纯由厂家去模拟体验得出来的结果。

这种定制，是用户在许多模块中进行选择，最后组成自己的个性化产品,而非用户百分之百的个性化需求所产生的产品,否则成本就是一个大问题。"大规模是降低成本,个性化是提高价值量。"这是时任国务院副总理马凯在听取COSMOPlat的汇报后的一句点评。

张瑞敏经常对外界讲的一件事是,目前的海尔不仅仅是黑灯工厂,不仅仅是机器换人,那样的工厂只不过解决了效率的问题,稍有点实力的企业都可以做到。但能把工厂和用户结合起来,能做到高精准则很难。

海尔的COSMOPlat是一个开放的平台,不仅仅服务于海尔。

目前,COSMOPlat模式已经在农业、服装业、钢铁等12个行业、11个区域进行复制。平台上持续进行交互的用户有3.2亿个,注册的企业390万家,通过这一平台实现大规模定制式转型的企业有3.5万个,平台上的智能终端超过2121万个。[①]

顺逛是另外一项颠覆,即把线上店、线下店与微店三店结合起来,成为一个以交易为载体,以交互为目的的交互社群。

在"三店合一"驱动下,顺逛前端打通线上店、线下店、微店,后端建立"前店后厂"的全生态供需闭环,让用户直接参与研发、营销、服务等各环节。

这就是顺逛的本质与目标。

从电商开始颠覆连锁,张瑞敏与他的海尔又一次彷徨了起

---

① 数据来自2018年2月27日第一财经企鹅号文章《海尔开放大规模订制平台COSMOPlat,今年交易额约四千亿元》。

来。但现在，他越来越自信，他领导的海尔走得越来越稳健。

"这十年，对于我们来讲，应该是不断在寻求的十年，因为这十年和原来完全不一样。互联网到来以后，传统经济应该怎么做？我们 2005 年 9 月 20 号提出来人单合一，那时候就有感觉，一定要改变，但怎么改变？互联网发展非常快，所以我们一直在探索。如果要跟上互联网的发展，自己必须要自我颠覆……"

2017 年 8 月 17 日，青岛，雨。

东海东路 52 号，一座造型奇特，靠近大海，名叫"冰山之角"的建筑在细雨中显得格外宁静。这座建筑在次年的上海合作组织青岛峰会中，被用作新闻中心。

此时此刻，吴晓波对张瑞敏做了一次访谈。一位是中国企业史上不可或缺的企业领袖，一位是当下著名的财经作家及意见领袖。他们从桌面互联网聊到物联网；从"桑弘羊之问"聊到王安石的"三不足"；从罗纳德·哈里·科斯聊到卡尔·马克思；从《不可消失的门店》聊到《量子管理》；从改革开放前 30 年聊到近 10 年；从 30 年前的企业家，聊到现在的企业家。

虽然我们的故事结束了，但有可能过一段时间，海尔又会有新的举动，书中所写的这些可能会销声匿迹，书中所用的这些词汇可能会成为历史。

没有成功的企业，只有时代的企业。

没有成功的管理模式，只有时代的管理模式。

企业家，企业管理模式，企业文化都是各领风骚一时间，就看谁踏准时代节拍的次数多、时间长，那谁就拥有相应时段的成功。我们说现在，不是否定过去；我们说此人，不是否定彼人。一切物，都有其时代性。这正如春秋时期的战争一样，用今天的眼光看，是如此幼稚。然而那只不过是春秋时期众人皆信奉这样的法则罢了，到了战国又信奉了另外一套法则。这些与智力无关，与认识无关，与前后无关。

最后如果用一段话来总结，我认为应该是这样的：

张瑞敏是一个知道自己姓什么的人。

海尔是一群以工作为乐的人的聚合。

人单合一是个以解放人为目的模式。

一个知识分子的工人，把一群知识分子，改造成了工人知识分子，然后带领着他们，干出了一番轰轰烈烈的事业。这事业，属于热爱工作的人。